Karl Friedrich Hensler, Wenzel Müller

Der Invalide

ein militärisches Original-Lustspiel in drei Aufzügen

Karl Friedrich Hensler, Wenzel Müller

Der Invalide

ein militärisches Original-Lustspiel in drei Aufzügen

ISBN/EAN: 9783743403031

Hergestellt in Europa, USA, Kanada, Australien, Japan

Cover: Foto ©ninafisch / pixelio.de

Manufactured and distributed by brebook publishing software (www.brebook.com)

Karl Friedrich Hensler, Wenzel Müller

Der Invalide

Erster Aufzug.

Erster Auftritt.

(Zimmer bey dem Wirth.)

Niklas, und seine Frau.

Niklas. (Äußerst aufgebracht) Genug! ich will sehen, wer Herr im Hause ist, — mit einem Wort, wenn ich dich noch einmal mit dem Korporal allein finde, so laß ich mich von dir scheiden. —

Anna. Scheiden? was du doch für ein Einfaltspinsel bist, mein lieber Mann!

Niklas. (zieht seine Müze herunter) Dank für die Ehre. —

Anna. Nun, unter vier Augen läßt sich so etwas schon sagen —

Niklas. Auch unter vier Augen kann ich das von dir nicht leiden, — du weißt, der Mann ist des Weibes Haupt, — also Respekt. —

Anna. O du respecktvoller Herr Gemal! Schade, daß du diesen Artikel in dem Ehekontrakt zu sezen, vergessen hast. —

Niklas. (beis.) Wenn mich das Weib nicht seit der ersten Viertelstunde unserer Hochzeit gefoppt hat, so heiß ich nicht Niklas Plink. (laut.) Weib! du mußt mir versprechen —

Anna. Muß — Muß? schon wider der gebieterische Ton, den ich dir jetzt seit zwanzig Jahren vergeblich abzugewöhnen suche — hübsch höflich — hübsch manierlich — mein lieber Niklas! (nimmt ihn am Kinn.)

Niklas. Geh — geh — wenn ein Weib, wie du — ihrem Mann mit einem freundlichen Gesicht entgegen kömmt, so ist's verdächtig — verdächtig ist's, und das laß ich mir nicht nehmen. —

Anna. (schmeichelnd) So sey nur wieder gut, lieber Niklas!

Niklas. Nicht wahr! jetzt kannst du wieder zum Kreuz kriechen — wenn du meine Runzeln auf der Stirne siehst, so merkst du gleich, daß der Barometer auf Regenwetter steht. —

Anna.

Anna. Freilich weiß ich das, mein liebes Männchen! deßwegen ist mir auch gleich so angst und bang. —

Niklas. (heimlich für sich) Gut, daß ich das weiß — wenn sie wieder mit mir lermt, so mach ich ihr Runzeln auf die Stirne, als wenn ein Erdbeben im Gesicht wäre — (laut) Schon gut — wenn ich zu dem Herrn Oberlieutenant komme, werd' ich mit ihm reden — der Korporal muß mir aus dem Hause. —

Anna. (stemmt die Hände in die Seite.) Wie? was? der Korporal soll aus dem Haus?

Niklas. Ja — er soll sich anderswo einquartiren — hast du vielleicht etwas dawider einzuwenden?

Anna. Einzuwenden genug — weil ich es nicht haben will —

Niklas. Weib! betracht meine Runzeln — der Korporal muß mir aus dem Haus —

Anna. Nein — nein — und ewig nein —

Niklas. Daß doch das verdammte Nein immer das Lieblingswort der Weiber ist, so bald die Männer ja sagen — (gebieterisch) der Korporal muß —

Anna. (mit drohender Mine) der Korporal bleibt da — nicht wahr? er bleibt da —

Niklas. (Pause) Nun — ja — er bleibt da — (leise.) der Streit wird ernst, ich muß nachgeben — (laut) aber meine Stirne juckt mich ohnehin schon — als wenn —

Anna.

Anna. (ihm in die Rede fallend) der Korporal bleibt da — du sagst auch kein Wort zu dem Herrn Oberlieutnant, nicht wahr?

Niklas. Kein Wort —

Anna. Du weist — ich führ die Haushaltung — und ich kann das Widersprechen nicht leiden —

Niklas. Leider weiß ichs aus der Erfahrung —

Anna. Und wenn mir einmal der Kamm steigt — (man hört an der Thüre klopfen)

Niklas. So sey nur still — sapperment! es war mir ja, als wenn ich jemand klopfen hörte — laß uns doch wenigstens vor fremden Leuten gute Freunde zusammen seyn — (Oberlieutnant Winter öffnet die Thür.)

Anna. Schönen guten Morgen, Euer Gnaden! Herr Oberlieutnant!

Niklas. (beherzt) (heimlich zu seinem Weib) Schon gut — wir werden hernach schon mehr zusammen reden. —

Zweyter Auftritt.

Vorige, Oberlieutnant Winter.

Winter. Guten Tag — guten Tag! wo steckt ihr dann, ihr Leute! daß man euch nirgend finden kann —

Anna.

Anna. (mit einem tiefen Kniks.) Immer zu Hauß; Euer Gnaden! es gibt jezt viel zu arbeiten — und dann —

Niklas. Viel zu arbeiten — und so einen gewissen andern Zeitvertreib, wenn der Mann nicht zu Haus ist — (zu seiner Frau.) Es muß alles heraus —

Anna. (zupft ihn am Rock.) Willst du schweigen —

Winter. (sezt sich an den Tisch.) Ich wünschte, Coffee zu trinken, Frau Wirthin!

Anna. Sollen gleich bedient werden, Euer Gnaden! (nimmt Niklas auf die Seite.) Wenn du wegen dem Korporal nur ein Wort redst, so bekömmst du in drey Wochen keinen Bissen zu essen — (geschäftig ab.) sollen gleich bedient werden, Euer Gnaden!

Niklas. In 3 Wochen keinen Bissen zu essen?

Winter. — (in Gedanken) (kleine Pause.) Ja! ich muß zu ihr hin — sie sehen — mir durch ihren Umgang wieder eine fröhliche Stunde verschaffen.

Niklas. (ohne ihn zu verstehen.) Haben Euer Gnaden jezt mit mir gesprochen?

Winter. Den Coffee sollt ihr holen, Niklas.

Niklas. Wollen Euer Gnaden etwa im Garten? —

Winter. Nein — es wird bald regnen — ihr tragt ihn hieher —

Niklas. Wen? Euer Gnaden! den Garten?

Winter. Den Coffee —

Niklas. Das denk ich auch — den Garten hieher zu tragen, wär ja unmöglich — (höflich ab.)

Winter. Meine Tagespflicht hab' ich erfüllt; nun darf ich auch an Liebe denken; Sophie! ha — welches Gefühl durchströhmt mich, wenn ich an dieses edle Mädchen denke — Sie allein, die meine ganze Seele füllt, die mich, wie der Magnet die Nadel — an sich zieht — Sie, die mir diesen einsamen Ort in ein Elysium umwandelt, und mich alle Stadtfreuden so leicht vergessen macht. — Schicksal! warum mußtest du sie in Austheilung deiner Glücksgüter so karg bedacht haben? warum sie, da sie in einem Pallast zu wohnen verdiente, in eine arme niedere Bauerhütte versetzen?

Dritter Auftritt.

Oberlieutnant. (Röschen, mit zusammengebundenen Blumen in der Hand.)

Röschen. (springt herein.) Dem Himmel sey Dank, daß sie zu Hause sind, mein lieber Herr Oberlieutnant!

Winter. Und warum, gutes Mädchen!

Röschen.

Röschen. Weil sich ein erschrecklich schwarzes Gewitter an dem Himmel zusammen zieht, ich hab auch schon donnern gehört —

Winter. Nun — ein Gewitter ist zur Fruchtbarkeit des Erdbodens sehr nothwendig — für wen hast du denn diese hübsche Blumen gepflückt, Röschen?

Röschen. Für wen? für wen? möchten sie es gerne wissen? he! —

Winter. Nun freilich —

Röschen. Für wen? haben Sie gefragt? (unschuldig.) für den schönsten Mann im ganzen Dorf — können Sie nun errathen, wer es ist?

Winter. Wie sollt' ich? entdeck mir diesen Mann, wenn er so hübsch ist, kann ich ihn vielleicht unter die Rekruten gebrauchen —

Röschen. Ey ja wohl — das ist umsonst — der hübsche Mann, den ich meyne, läßt sich nicht so leicht anwerben — ha, ha, ha —

Winter. Ich verstehe dich nicht —

Röschen. (schalkhaft.) Jezt gehen Sie, daß Sie mich nicht verstehen — meynen Sie denn, wir Bauermädchen auf dem Dorf seyen gar so einfältig — (spielt mit der Schürze.) hier — hier haben Sie die Blumen — sie gehören ja für Sie —

Winter. Für mich? — dank dir, liebes Mädchen!

Röschen. Wer hätt' denn anders der junge hübsche Mann seyn können, als Sie —

Winter.

Winter. Du denkst sehr vortheilhaft von mir — ich dank dir — (küßt ihr die Hand.)

Röschen. Daß Sie mich doch immer auf die Hand küßen müßen — warum denn nicht in das Gesicht? — oder glauben Sie denn, daß ich nicht auch ein Küßchen in das Gesicht werth seye —

Winter. (beis.) Welche ländliche Einfalt!

Röschen. Oder ersparen Sie vielleicht dieses für ihre hübsche Stadtmädchen —

Winter. Ich bin schon zwey Jahre von der Stadt entfernt —

Röschen. Und sollten schon zwey Jahre kein Mädchen geküßt haben?

Winter. Noch keines, als dich — (küßt sie.) (dazu Niklas, der eben Coffee bringt.)

Vierter Auftritt.

Vorige. (Niklas, bleibt unter der Thüre stehen.)

Niklas. Da haben wirs ja — wie ich sag — lauter Unheil im Hauß, seitdem die verwünschte Soldaten da sind; der eine macht sich eine kleine Unterhaltung mit dem Weib, der andere mit dem Mädchen — und da ist man gefoppt hinten und vorn, und eh man sich umsieht, bekommt man neuen Hausrath — (stellt den Coffee auf den Tisch.)

Winter.

Winter. (sezt sich, und trinkt.) Ihr seyd schon da, mein lieber Niklas!

Niklas. (schaut immer nach seiner Tochter, die sich ängstlich der Thüre nähert.) Euer Gnaden unterthänig aufzuwarten —aber— ich hoff doch, Euer Gnaden werden sich indessen gut unterhalten haben —

Winter. Nun ja — recht gut — eure Tochter ist ein sehr artiges Mädchen —

Niklas. Da haben wir den Teufel —ich sag es ja, seit dem wir — Gott verzeih mir! die Conscription im Dorf haben, sind unsere Weibsleute keinen rothen Heller wehrt — (zu Röschen.) Wer hat dich denn hieher gerufen? was hast du hier zu suchen?

Röschen. (stotternd.) Ich — ich — ich hab —

Niklas. Und was hast — red, wenn du ein gutes Gewissen hast —

Röschen. Ich hab Blumen gebracht — lieber Vater!

Niklas. Blumen gebracht? wenn es aber dein Anton erfährt, wie denn? in vierzehn Tagen soll die Hochzeit seyn, der Pursche ist jung — feurig — und eifersüchtig wie der leibige Satanas —

Winter. Es hat ja nichts zu bedeuten, mein lieber Niklas!

Niklas. Meiner sie — Euer Gnaden! es hat wohl viel zu bedeuten — ich weiß, wie es es geht — der Teufel ist ein Schelm — und mit einem Wort — das Mädchen soll mir keine — Euer Gnaden verstehen mich schon — werden (zu Röschen.) — pack dich deiner Weege, es ist unnöthig, daß du zuhörst, wenn dein Vater von dergleichen Historien spricht —

Röschen. Ich geh schon, lieber Vater! (mit einem freundlichen Kniks gegen Winter.) adieu — schöner Herr Offizier! adieu! (ab.)

Niklas. (Pause) (spielt mit seiner Müze.) Ich meyn nur, Euer Gnaden!

Winter. Was denket ihr von mir, mein lieber Niklas!

Niklas. (mit einem tiefen Bückling.) Alles liebs und guts, Euer Gnaden! aber wie es halt geht — Euer Gnaden sehen selber ein — das Mädchen ist jung — frisch — verliebt — ist auch keines der häßlichsten in unsern königlichen Staaten — hat ihre paar gesunde schwarze Augen — kurz und gut, Euer Gnaden! ich red von der Brust weg — die Herrn Offiziere sind halt, mit Ehren zu melden, gefährliche Leute in dem Artikel —

Winter. Ihr seid ein Narr — eure Tochter ist ein ehrliches Mädchen —

Niklas. Ehrlich — ehrlich? — Euer Gnaden! mit der Ehrlichkeit der Weibsleute sieht es heut zu Tag ziemlich windig aus — Ich weiß es aus der Erfahrung — kommen Euer Gnaden in mein Alter, werden sie schon ihre
Leyer

ein militärisches Original-Lustspiel.

ley er anders stimmen — Es ist ja meiner fix nicht anders, als wenn die Herrn Soldaten schon seit Adams Zeiten her, auf die Ehrlichkeit der Weiber ihr Mautgebühr gesezt hätten —

Winter. Wie meynt ihr das, mein Freund!

Niklas. Nun ich meyn eben, weil jeder Ehemann am besten weiß, wenn ihn die Stirne jückt —

Winter. Was wollt' ihr damit sagen?

Niklas. Kein Wort mehr oder weniger — als daß mein Weib ein Weib ist.

Winter. Das werdet ihr wohl am besten wissen.

Niklas. Habs erst vor einer Stund erfahren, da ich den Korporal bey ihr antraff — tausend sapperment! Euer Gnaden! wär der Korporal nicht ein guter Freund von mir — (wiewohl er mir von der neuen Schwägerschaft noch kein Wort sagte —) zum Fenster hinaus mit Sack und Pack --- das Weib und den Haslinger oben drein ---

Winter. Korporal Lange trafet ihr bey eurer Frau an? —

Niklas. Und wie erst — und in welcher verdächtigen Stellung — Bedenken Euer Gnaden! — Ich öffne die Thüre — bleib stehen, so wie vorhin, da Sie mein Rößchen — nun, Euer Gnaden verstehen mich schon — ha — ha — ha —

Winter. Nun weiter — weiter

Niklas.

Niklas. So gibt mein Weib dem Korporal —

Winter. Vielleicht auch einen Kuß? —

Niklas. Gott bewahr! eine Prise Toback —

Winter. (lacht.)

Niklas. Wenn man jezt aber darüber nachdenkt, was erst vor dieser Vertraulichkeit mag geschehen seyn —

Fünfter Auftritt.

Vorige. Röschen.

Röschen. (eilend.) Ist er noch da? Vater!

Niklas. Nun freilich bin ich noch da? was willst denn du schon wieder hier?

Röschen. Eilend soll der Vater hinunter kommen zu dem Herrn Dorfrichter, er hat etwas sehr nothwendiges mit ihm zu reden —

Niklas. Zu dem Herrn Dorfrichter? da muß ich schon gehen — Euer Gnaden! nichts für ungut — (ab.)

Sechster Auftritt.

Oberlieutnant Winter. Röschen.

Röschen. Nun — dem Himmel sey gedankt! so hab' ich ihn doch endlich fortgebracht, es ist aber auch wahr, man darf ja kaum einen

nen Herrn Offizier aufrichtig anschauen, so lermt und tobt er, daß es abscheulich ist —

Winter. Dein Vater hat recht, Rößchen! du sollst auch keinem andern Mann zu gefallen suchen, als deinem Anton —

Rößchen. Meinem Anton allein — (mit einem Seufzer) o du lieber Himmel! und sonst gar keinem? ich möchte aber gar zu gerne allen Männern gefallen. —

Winter. Wenn du ihn aber heurathen willst, so —

Rößchen. (schnell) So will ich ihn lieber nicht heurathen — (ergreift seine Hand.) Aber — hören Sie, Herr Oberlieutnant! ist denn das immer so, wenn man heurathet, daß man Niemand anderm gefallen darf, als seinem Mann —

Winter. Es sollte wenigstens so seyn — aber in der Stadt ist freilich die Mode — daß —

Rößchen. Nun so führen wir die Mode auch auf dem Land ein — denn ich muß ihnen nur gerade heraus sagen, außer meinem Anton möcht' ich doch auch ihnen ein bischen gefallen —

Winter. Du bist ein unschuldiges, liebes Mädchen —

Rößchen. Sie sagen auch immer zu mir, liebes Mädchen! Und wer weiß, ob es ihnen auch Ernst ist — Glauben Sie mir, ich bin ihnen so gut, so gut —

Winter.

Winter. Nur mußt du deinen Anton nicht darüber vergessen — (Anton schaut zu Thüre herein.)

Röschen. So sind sie mir doch schon wieder mit dem verzweifelten Anton da —

Siebenter Auftritt.

Vorige. Anton.

Anton. Da haben wirs — ich such sie im ganzen Haus, und da steckt sie bei dem Herrn Offizier —

Röschen. So komm nur herein, Anton! wir werden dir ja nichts zu Leide thun —

Anton. (schaut immer zur Erde.) Ich — ich hab gemeint, Röschen! du seyest ganz allein —

Röschen. Ich bin ja auch ganz allein — bei dem Herrn Oberlieutenant —

Anton. Ich seh' es — ich seh' es —

Achter Auftritt.

Vorige. Korporal Lange.

Korporal. Herr Oberlieutenant! der Mann, den sie gestern angeworben, bittet, mit ihnen zu sprechen —

Win-

Winter. So gleich — lebt wohl, meine Kinder! lebt wohl! (mit dem Korporal ab.)

(Pause.) **Röschen.** Vergessen sie ihre Blumen nicht — adieu, Herr Offizier! (Anton in Gedanken, sieht zur Erde — schaut bisweilen mit verstohlenem Blick zu Röschen, läßt seinen Hut fallen.)

Röschen. Was fehlt dir, Anton! he! wie stürmisch du aussiehst — stehst du nicht da wie ein armer Sünder — was fehlt dir! gib mir deine Hand —

Anton. Nichts — mit uns ist es aus — hab genug gehört und gesehen — du — du falsche du! (weint.)

Röschen. Wie leicht du doch aufgebracht bist —

Anton. Kurz und gut — ich — (schluchzt) ich weis schon was ich thue —

Röschen. Und was denn, mein lieber Anton!

Anton. Ich — ich — (ebenso) ich werd Soldat — laß mich todschiessen — und — und damit du siehst, daß es mein Ernst ist, — so — so gehe ich gleich — (schluchzt laut.) leb — leb wohl — Röschen!

Röschen. (hält ihn zurück.) So nehm doch Vernunft an —

Anton. In einer halben Stunde siehst du mich im Federbusch — (bricht in lautes Weinen

nen aus.) leb wohl — ich — ich werd Soldat. (ab.)

Röschen. Hilf Himmel! der Mensch wird doch klug seyn. (nimmt das Kaffeegeschirre ruft ihm nach.) he! Anton! Anton! mein Gott! er ist ja mein Bräutigam. — und zulezt sollte gar aus der Hochzeit nichts werden — das wär ein Unglück — ich muß ihm nach. (ab.)

Neunter Auftritt.

(Zimmer in Jakob Drommers Wohnung.)

Jakob Drommer sizt an dem Tisch, neben ihm **Sophie**, welche strikt — arm aber reinlich gekleidet.

Invalid. Immer weinst du doch, meine Tochter! zulezt komme ich noch auf den Gedanken, daß du über unsere drückende Armuth Thränen vergießest —

Sophie. Nicht doch, lieber Vater! ich weine ja nicht —

Invalid. Ja, wenn dich deine rothe Augen nicht Lüge bestraften. Du must dir mehr Unterhaltung machen, mehr frische Luft schöpfen, meine Tochter! — glaube mir, das ewige Zuhausesizen macht melancholisch, verdrüßlich. Man wird am Ende unzufrieden mit
seinem

ein militärisches Original-Lustspiel. 19

seinem Schicksal. War Herr Oberlieutenant Winter heute noch nicht hier?

Sophie. (mit einem Seufzer.) ich sah ihn heute noch nicht, mein Vater!

Invalid. Und das sagst du mit einem so seufzenden Tone, als wenn er dir das Herz abdrückte, (nimmt sie an der Hand.) meine Tochter! glaub deinem alten Vater, es kostet mich nicht viel Mühe, die Ursache deines Kummers zu entdecken.

Sophie. Die Ursache meines Kummers? — Vater!

Invalid. Du liebst — Sophie! ich hörte gestern Nacht im Garten, da du dich allein glaubtest, deinem Selbstgespräch zu.

Sophie. (ängstlich.) Wie — mein Vater? sie waren im Garten?

Invalid. Wozu diese stotternde Sprache? du redest mit deinem Freund. Ist dein alter Vater nicht deines Zutrauens werth?

Sophie. (küßt ihm die Hand.) O des vollesten, des besten, mein Vater!

Invalid. Und doch willst du mir den Kummer verschweigen, den ich schon lange in deinem Gesicht erblicke —

Sophie. (mit einem zärtlichen Blick.) Mein Vater!

Invalid. Rede, meine Tochter!

Sophie. Wenn ich an meine seelige Mutter zurückdenke, so kömmt mir immer die War-

B 2   nung

nung in den Sinn, die sie mir so oft vorsagte: Meine Tochter! fliehe die Liebe, wer liebt ist unglücklich; biß daher floh ich alle Gelegenheit, nur den geringsten Keim dieser unglücklichen Leidenschaft in mir aufwachsen zu lassen, aber jetzt, — —

Invalid. Liebst du? nun ist auch die Zufriedenheit — die Ruhe deiner Seele dahin.

Sophie. Nur allzurichtig finde ich diese Wahrheit an mir in ihrer Erfüllung.

Invalid. Glaube deinem alten Vater, Sophie! wenn er dir aus dem Buche der Erfahrung die Warnung deiner Mutter in ihrer vollesten Wahrheit bestättiget, vorhält. Sie hatte wohl recht zu sagen, wer liebt, ist unglücklich, denn, wie selten sind die Menschen, welche durch diese Leidenschaft ganz glücklich wurden. (man pocht.) Sieh nach, es pocht Jemand.

Sophie. (öfnet die Thür.) Der Herr Oberlieutenant —

Zehn,

Zehnter Auftritt.

Vorige. Oberlieutenant.

Oberlieut. Ich hoffe doch nicht, daß ich ihnen beschwerlich seyn werde?

Sophie. Im Gegentheil, sie wissen, daß mir und meinem Vater ihre Gesellschaft immer sehr angenehm ist.

Invalid. Guten Abend! mein lieber Oberlieutenant! nichts neues aus dem Lager?

Oberlieut. Neuigkeiten genug, bis morgen wird der Prinz und einige hundert Mann durch unser Dorf ins Lager marschiren.

Sophie. Der Prinz? (freudig.) Vielleicht könnte da mein Bruder darunter seyn, sie kennen ihn ja, Herr Oberlieutenant?

Oberlieut. Ich erinnere mich, einen gewissen jungen Menschen, Nahmens Drommer, vor sechs Jahren im Militair=Institut gekannt zu haben — nicht gar groß — gut gewachsen, hübsch von Gesicht, er war im ganzen Institut einer der besten, sowohl was Kenntniße als gute Sitten anbelangt —

Sophie. Er ists Vater (freudig.) Er ists —

Invalid. Der Prinz hatte die Gnade, ihn unter das Regiment als Kadet zu nehmen; ja bei Gott! ich möchte ihn vor meinem Ende noch einmal sehen (steht auf.) Aber Kinder! jezt bleibt in des Himmels Nahmen hier, es ist meine Stunde, wo ich gewöhnlich, wenn ich auf gesunden Beinen bin, in die Kirche wanke, ich komme bald wieder.

Oberlieut. Und sie vertrauen mir, ehrlicher Alter! das kostbarste, was sie besizen, ihre Tochter an — seyen Sie versichert, daß Sie ihr Zutrauen keinem Unwürdigen geschenket haben.

Invalid. Freund! Sie sind Soldat! Offizier! ich war es auch, glauben sie mir, unter diesem Rok kann sich nicht leicht ein Schurke verbergen (drükt ihm die Hand.) (ab.)

Eilfter Auftritt.

Oberlieutenant. Sophie.

Sophie. Sie kannten also meinen Bruder? sagten sie?

Oberlieut. Es sind nun sechs Jahre verflossen, daß ich ihn nicht gesehen habe.

Sophie. Welche Freude für uns, wenn er in des Prinzen Gefolge hieher käme —

Oberlieut. Es scheint, sie lieben ihren Bruder sehr, gutes Mädchen!

Sophie. Sollt ich das nicht, wir sind Kinder von einem Vater, dessen einziges Bestreben dahin gieng, uns sorgfältig zu erziehen

Oberlieut=

Oberlieut. Ihre Grundsäze gefallen mir sehr, Sophie!

Sophie. Ich hatte den einzigen Bruder, wir wuchsen zusammen auf, schon als Kinder waren wir unzertrennlich — Freundschaft, Bruder= — und Schwesterliebe ketteten unsere Herzen zusammen, — wir waren ehedem glücklicher, wandelten auf Rosen unsere Tage dahin, aber Dorne nisteten sich in diese Rosenwege ein, schon vierzehn Jahre leben wir in Armuth, aber doch glücklich, weil wir von den Ränken der Welt entfernt, in uns selbst unsere Zufriedenheit geniessen — meine Mutter!

Oberlieut. Starb vor 4 Jahren, wie sie mir sagten?

Sophie. Wecken sie diese Saite nicht — Freund? ich unterliege ihrem Laute.

Oberlieut. Das Andenken einer solchen Mutter darf ihnen wohl Schmerzen verursachen, bestes Mädchen!

Sophie. Ja, gesegnet sey mir noch lange das Andenken dieser vortreflichen Mutter, die mich so freundlich auf die Bahn der Rechtschaffenheit leitete, den Funken reiner Empfindung wahrer Tugend in meinem Busen wekte.

Oberlieut. Sie muß ein vortrefliches Weib gewesen seyn, werth eine solche Tochter gebohren zu haben, wie Sophie ist — aber sie sprachen von glücklicheren Zeiten?

Sophie. Nicht von glücklicheren, nur von freudigeren. Um ihnen aber diesen Stoß des Schicksals zu erzählen, dazu Freund! kennen wir uns noch zu wenig.

Oberlieut. Zuwenig? und wissen doch, bestes Mädchen! daß ich sie so unaussprechlich liebe.

Sophie. (gibt ihm die Hand.) Freund! ich las' in meinen glücklicheren Tagen ehedem viele Romane, aus diesen allein lernte ich die Menschen kennen — durch sie allein machte ich mir den unverbrüchlichen Vorsatz, mich so lange, als möglich, vor einer gewissen Leidenschaft zu hüten, die wir Liebe nennen — ich lernte so viele Vorfälle kennen, da die Menschen durch Liebe unglücklich wurden, sahe immer ein, daß die Unzufriedenheit der Menschen, ihre üble Laune, ihre Grillen, blos allein Geburten dieser Leidenschaft sind — Mangel an Weltkenntniß machte mir noch vollends das Vorurtheil, wenn es etwa ein Vorurtheil genennt werden könnte, ganz vollkommen, ich lebte dreizehn Jahre mit meinem alten Vater, mit meiner Mutter, die seit vier Jahren todt ist, in Rensdorf, einem vier Meilen von hier entfernten Dorfe; meine Unterhaltung war, außer meinen häuslichen Beschäftigungen, ein kleiner Uiberrest von Büchern, voraus ich meinem Vater vorlase, und ihm manchmal so des Abens seine düster gefaltete Stirne in ein freundliches Lächeln zwinge.

Oberlieut.

Oberlieut. (beis.) Je länger ich das Mädchen kennen lerne, desto verehrungswürdiger scheint sie mir; (laut.) wie glücklich bin ich, daß mich das Schicksal in meinem Dienst an einen Ort gebracht hat, wo ich Klugheit und Rechtschaffenheit, vereint mit der reinesten Tugend in einer armen niedrigen Hütte antreffen muß?

Sophie. (drückt ihm die Hand.) Freund! Tugend! diese beruhigende sanfte Gefährtin unseres Lebens findet man immer mehr unter einem Strohdach — als in Pallästen —

Oberlieut. Seit ich sie kenne, bestes Mädchen! denke ich nur an meine Pflicht, die ich dem König schuldig bin, und an sie — Sophie! aber an sie wahrlich mit Unruhe (mit abgewandtem Gesichte.)

Sophie. Mit Unruhe? mit Unruhe sagen sie?

Oberlieut. Sollte ich ihnen denn die edelste meiner Empfindungen nicht entdecken dürfen?

Sophie. (mit unschuldiger Bosheit.) Ich habe Romanen gelesen, sagte ich ihnen — verzeihen sie meiner Dreustigkeit — sie sind mein Freund! (drückt ihm die Hand.)

Oberlieut. (ernsthaft) Und sie antworten mir in diesem Tone?

Sophie. Ich kenne sie zu gut, um zu glauben, daß sie dieser Ton beleidigen könnte. Ein

Mann von Ehre, ein Mann von Grundsätzen, haßt die Stimme der Schmeichelei. Ich werde mich doch nicht irren?

Oberl. (ergreift schnell ihre Hand) Bei dem allmächtigen Gott! ein solches Mädchen fand ich noch nie — Sophie! (feurig) ich bitte um ihre Freundschaft, um ihre Liebe —

Sophie. Die erstere besitzen Sie ganz, weil ich noch keinen Mann fand, der nähern Anspruch darauf machen könnte, die leztere ist von so geringem Werth, als daß sie bei meinen wirklichen Umständen in Erwägung gebracht zu werden, verdiente.

Oberl. (beiseite) Jedes Wort aus dem Munde dieses holden Mädchens gesprochen, vergrössert meine Hochachtung, macht mir ihren Besitz begehrlicher. Sophie! (feurig) Ich liebe Sie —

Sophie. (zurückhaltend, unruhig) Und ich — schätze Sie hoch —

Oberl. (zärtlich) Ist ihnen das erstere eine Unmöglichkeit, oder finden Sie ein Vergnügen darinn, mich zu martern?

Sophie. Laßen Sie mich — Winter! ich muß gehen (mit Unruhe) oder ich gesteh ihnen, daß ich Sie auch liebe, und das wär wider meinen Grundsatz. (springt ab.)

Oberl. Nun hab ich Sie mit dem Geständniß meiner Liebe davon gejagt; wie lange ich schon damit zauderte, von einem Tag, von einer

einer Stunde zur andern es aufschob, ihr meine Leidenschaft zu gestehen. — Nun hab ich es gewagt, und Sie entflieht, entflieht mit diesen Worten, ich muß gehen, sonst liebe ich Sie auch. Das Mädchen liebt, ohne zu wissen, daß Sie liebt (Pause) Oder sollte Sie vielleicht ein Vergnügen? — nein! Könnte in einem so meisterhaft gebildeten Körper eine so kleine Seele wohnen, um gerade durch ihr Sprödethun die Leidenschaft des Mannes anzufeuern, und seiner zu spotten? — Unmöglich — das hieß Pasquillant auf die Menschheit selbst seyn, und bei einem Mädchen, in deren Gesicht eine Engelseele abgebildet ist, einen Satan suchen wollen.

Zwölfter Auftritt.

Oberlieutnant. Korporal Lange.

Korp. Ich suchte den Herrn Oberlieutnant in ihrem Quartier — ein junger Bauerbursche, hübsch gewachsen, gutgebildet, sucht Dienste, ich ließ ihn warten.

Oberl. Hat er die Tochter des alten Drommers nicht gesehen?

Korp. Vor dem Hause steht Sie, und weint.

Oberl.

Oberl. (schnell) Sie weint, sie weint — sagt er, bring er den Rekruten auf mein Zimmer, ich komme gleich nach. (eilend ab.)

Dreyzehnter Auftritt.

(Voriges Zimmer.)

Niklas und seine Frau (kommen aus der Seitenthüre.)

Frau. Immer, und immer das Lermen, denk nur daran, du gottloser Mann! daß ein Donnerwetter am Himmel ist, solltest dich schämen, mich so zu plagen; (verstellt sich zum Weinen.)

Niklas. Jezt gib dein Weinen auf, oder ich accompagnir dir mit meinem marmorirten Sonntagstock dazu — ich will wissen, was du mit dem Korporal gehabt hast?

Frau. Wie du doch so albern reden kannst, was werd ich mit ihm gehabt haben?

Niklas. Albern hin, albern her, das ist man bei euch Weibern allzeit, wenn man euch in die Karte sieht.

Frau. Du peinigst mich mit deinem Argwohn — ich hab ein gutes Gewissen, der Himmel ist Zeuge meiner Unschuld (Lange kömmt) Ah! da kömmt ja der Herr Korporal.

Niklas.

Niklas. Eben recht, um das Trio vollends ganz zu machen.

Vierzehnter Auftritt.

Vorige. Korporal Lange.

Korp. (eilend) Noch nicht da, der Herr Oberlieutnant?

Niklas. (trozend) Wie der Herr sieht, nein.

Korp. Weiß Sie nicht, mein liebes Weibchen? ist er vielleicht schon auf sein Zimmer gegangen?

Niklas. (beiseite) Tausend sasa — was hör ich — gar auch schon mein liebes Weibchen?

Frau. Gehen Sie Herr Korporal! Sie ehen, mein Mann ist eifersüchtig.

Niklas. Ich — ich — eifersüchtig? nein, nein! das bin ich nicht (leise zu ihr) Wenn du noch ein Wort redest, du Plappermühle!

Korp. Eifersüchtig! (schlägt ihn auf die Schulter) Herr! das wär abgeschmakt, und würde sich am wenigsten für einen Wirth schiken — versteht er mich?

Niklas. So! meint der Herr vielleicht? daß das Weib auch so ins Comunis gehört, wie meine Stühl, und Bänke —

Korp. Ganz natürlich! Landsmann!

Niklas.

Niklas. Dank für die Landsmannschaft. Hätt' sie mir aber das vor 20. Jahren gesagt, so hätt' ich den tollen Streich nicht gethan, und hätt' sie geheurathet.

Korp. Schon 20. Jahre verheurathet? und noch eifersüchtig?

Niklas. Ich sag ja dem Herrn Korporal, daß ich nicht eifersüchtig bin.

Korp. Es wäre auch lächerlich —

Niklas. Nein, ich wüßt auch gar nicht, warum?

Korp. Nun, so darf ich ja? (will seiner Frau die Hand küssen.)

Niklas. (reißt sie weg.) He! Schlappermost! nein, er darf nicht, ich bin zwar nicht eifersüchtig, ich kann nur nicht leiden, wenn Jemand mein Weib (sie lachen beide) freundlich anschaut —

Frau. Wie du doch lärmst, siehst du denn nicht, daß wir dich wegen deiner Eifersucht zum besten haben wollen (sie schmeichelt ihrem Mann) (der Korporal schleicht sich hinter Sie hin, und küßt ihr immer die Hand) Komm her — lieber Niklas! sieh, es ist dem Herrn Korporal gar kein Ernst dabei, aber du bist auch gleich der Hanns oben hinaus, man kann ja kein vernünftiges Wort mit dir reden.

Niklas. (wendet sich um) Alle Donnerwetter! wo steft denn der Herr Korporal? (so wie er sich umwendet, drehen sich beide,

er

er sieht, daß der Korporal seine Frau an der Hand hält.) Himmel! und Erde! was seh ich? Da möcht ja einer des Teufels werden. Weib! ich gib dir noch 2. Minuten Zeit, ob du dich paken willst? und wenn du nicht gehst, so — so geh ich meiner Wege. (will abgehen.)

Fünfzehnter Auftritt.

Vorige. Oberlieutnant Winter.

Oberl. Wohin so eilig? Es giebt doch hier keine Verdrüßlichkeiten?

Frau. Der Himmel bewahr! Euer Gnaden, Herr Oberlieutnant.

Niklas. Wir leben zusammen, wie die Engel.

Oberl. Laßt uns allein, wir haben Geschäfte!

Frau. Komm! Zukermännchen! komm, es war ja alles nur ein kleiner Scherz, komm.

Niklas. Schon recht, ich werd dir schon zu seiner Zeit den Scherz zu vertreiben wissen. (ab mit seiner Frau.)

Sechzehnter Auftritt.

Oberlieutnant. Korporal.

Oberl. (mit einem ernsten Blick.) Es sind Klagen wider ihn eingelaufen, Korporal Lange!

Korp. Wider mich? Herr Oberlieutnant?

Oberl. Wegen des Wirths Frau — ich untersage ihm allen geheimen Umgang mit ihr, die erste Pflicht eines braven Soldaten ist, Dankbarkeit für gute Aufnahme, und Gastfreundschaft.

Korp. Herr Oberlieutnant! es ist abgeredter Scherz —

Oberl. Man muß auch den Schein fliehen, seine Mitmenschen ohne Ursache zu beleidigen, dieses erfodert allgemeine Menschenpflicht, also auch die Pflicht eines braven Soldaten, dessen Bestimmung ist, Sicherheit und allgemeine Ruhe zu erhalten. Er wird meine Worte befolgen.

Korp. Worte, aus ihrem Munde gesprochen, hört man nur einmal, das zweitemal befolgt man sie.

Oberl. Genug, führ er den Bauerpurschen zu mir, der in unsere Dienste tretten will.

Korp. (ab.)

Oberl. Immer war mein erster Grundsatz, und soll' es auch bleiben, kränke deine

Mit=

Mitmenſchen nicht — welches Recht haben wir auch dazu? Sind nicht alle Menſchen der Erde Brüder? Hat unter ihnen der Schöpfer je einen andern Unterſchied feſtgeſetzt, als Tugend und Laſter, und iſt der Reiche beſſer vor ihm, als der niedrigſte Bettler, wenn dieſer jenen durch eine gute Seele beſchämt? Wenn wir Menſchen doch bedächten, daß wir einander durch allgemeine Befolgung dieſes Grundſatzes die Welt zu einem Himmel umſchaffen könnten, und wie oft wir alle nur mögliche Gelegenheit aufſuchen, ſie einander zur ſchwärzeſten Hölle zu machen.

Siebenzehnter Auftritt.

Oberlieutnant. Korporal. Anton (traurig zur Erde blikend.)

Korp. Hier! Herr Oberlieutnant!

Oberl. (für ſich) Wen ſeh ich? heißt ihr nicht Anton? ſeyd ihr nicht mit des Wirths Tochter verlobt?

Anton. (ohne ihn anzuſchauen, mit grämlicher Stimme) Ja —

Oberl. Ihr liebet Rößchen? und wollet Soldat werden?

Anton. Das will ich, um mich todſchieſſen zu laſſen. Mein Mädchen iſt mir untreu worden.

C   **Oberl.**

Oberl. Untreu? Wer hat sie denn verführt?

Ant. Ein Herr Offizier.

Oberl. Seht mich doch einmal an. (Anton sieht ihn an.)

Anton. (fällt auf die Knie) O Himmel! sind Sie es selbst? nehmen Sie mich an, schiken Sie mich fort, ich will für meinen guten König streiten, will für ihn sterben, weil ich ohne Röschen nicht leben kann.

Oberl. Steht auf. Es ist also euer Ernst, ihr wollt Soldat werden?

Anton. (mit Schluchzen) Ja.

Oberl. Korporal! hohl er Kasket, und Seitengewehr. (Korporal ab.) Wenn sie es aber erfährt, wenn sie euch liebt. Als Soldat werdet ihr Sie nicht heurathen können.

Anton. Schiken Sie mich ins Lager, so werd ich Sie vergessen.

Achtzehnter Auftritt.

Vorige. Korporal (mit Kasket und Seitengewehr, umgürtet ihm dasselbe.)

Korp. Hier, Landsmann! willkommen Kriegskamerad, es lebe der König!

Anton. (weinend.) Er soll leben! ich will für ihn sterben.

Korp.

ein militärisches Original=Lustspiel.

Korp. Das sollst du nicht, für ihn fech=
ten wollen wir, und wünschen, daß alle feind=
liche Kugeln an unsern Köpfen vorbeisausen,
keine uns treffe, damit wir recht lange für ihn
fechten können.

Oberl. Geht in die Wirthsstube, trinkt
auf des Königs Gesundheit.

Korp. Das wollen wir! Komm Kame=
rad! Es lebe der König (Korporal und An=
ton ab.)

Anton. (mit lautem Weinen) Er soll
leben — er soll leben — (ab.)

Oberl. (allein) Ich will noch die Sache
untersuchen, denn meine Pflicht bey diesem Po=
sten muß Rücksicht auf Menschenwohl seyn,
und wenn ich zwey Liebende trenne, vielleicht
beyde durch ihre Trennung unglücklich mache,
so trägt meine Handlung das Gepräge des
Menschenhasses, und dieses Laster erniedrigt
den Menschen mehr, als Diebstahl, weil ohne
das erstere, das letztere unmöglich ist. (ab.)

Neunzehnter Auftritt.

(Wirthsstube.) (Mehrere Tische im Hintergrund
— Bauern, welche trinken.)

Vorige. Korporal. Anton. Niklas.

Korp. Nicht so niedergeschlagen, Lands=
mann! he Niklas! wo steft er denn? Niklas!
Wirth

C 2   Niklas.

Niklas. (kommt) Was alle Wetter seh ich denn hier? Anton! du Soldat? wirst doch kein Narr seyn, welcher böse Feind hat dir das Ding da eingegeben?

Korp. He! Bomben und Granaten, mit mehr Respekt gesprochen, oder mein Brauner und sein Rüken sollen heute noch gute Freunde zusammen werden.

Niklas. Dank für die Bekanntschaft, aber bist du es denn wirklich Anton?

Ant. Nicht anders, weil mich eure Tochter nicht mehr liebt, so werd ich Soldat.

Niklas. Wie was? meine Tochter liebt dich nicht mehr? Aber lieber Herr Korporal! das Ding wird doch nicht Ernst seyn?

Korp. Zum Henker! meint er, wir spielen Soldaten wie die Jungen auf der Straße — Anton ist, und bleibt Soldat —

Niklas. Meine Tochter muß ihn aber heurathen!

Korp. Das kann Sie thun, wenn Sie Marquetänderin bey uns im Lager werden will.

Niklas. Jezt geh er mit seiner Marquetänderin, meint er, unser lieber Herr Gott hat mir deßwegen die einzige Tochter gegeben, daß ich Sie mit Brandwein ins Lager schicken soll?

Korp. So muß Sie sich um einen andern umsehen.

Niklas. Das will ich aber nicht haben, das Mädchen wird von mir geprttscht, und morgen

gen am Tag die Hochzeit — das gibt hernach einen zuckersüßen Ehestand — wenn ich ihr vorher das Heurathgut auf den Rucken schreibe.

Zwanziger Auftritt.

Vorige. Oberlieutnant Winter, (Röschen an der Hand.)

Niklas. (ihr gleich entgegen.) Da sieh! du Wettermädchen! jezt kannst du dir einen Mann von Marzipan kaufen. Dein Anton ist Soldat!

Röschen. Anton! lieber Anton! was seh ich? (Oberlieutnant nimmt Niklas an die Seite, und redt mit ihm.)

Ant. Ich hab dirs vorhin gesagt, und du hasts nicht glauben wollen.

Röschen. Meinst du denn, es sey mein Ernst geweßt?

Anton. Aber jezt ist es mein Ernst, weil du mich nicht mehr liebst, so will ich Soldat werden, und mich todtschießen lassen.

Oberlieut. Dein Vater sagt selbst, du solltest für deinen Wankelmuth gestraft werden, Anton bleibt Soldat — und du —

Niklas. Bekommst in deinem Leben keinen Mann mehr, du must ins Kloster.

Röschen. (weint.) Aber Vater! Herr Oberlieutnant! (fällt auf die Knie) ich bitt Sie gar schön, lassen Sie meinen Anton los!

Oberlieut.

Oberlieut. Zu was Ende, steh auf —

Röschen. Er ist ja mein Bräutigam, ich will auch in meinem Leben niemand andern mehr lieb haben, als meinen Anton.

Oberlieut. Anton bleibt Soldat! es ist ja eine Kleinigkeit, wie viele 100 Mädchen in der Welt leben ohne Männer.

Röschen. Das will aber ich nicht.

Niklas. So mach dir einen von Papier, und häng dir ihn ans Bett, hast doch wenigstens das Andenken davon.

Oberlieut. Es war doch große Ungerechtigkeit von dir, liebes Mädchen, deinem Anton, der dich so sehr liebte, ungetreu zu werden.

Röschen. Ich will es auch in meinem Leben nicht wieder thun, helfen Sie mir nur dießmal.

Oberlieut. Ich wollte gerne, aber —

Einundzwanzigster Auftritt.

Vorige. Wirthin. Antons Mutter.

Mutter. Ey poßhundert tausend, was hör ich? Anton! Anton! du Wetterjunge! was hast du getrieben? hab ich dich deßwegen so groß gezogen, du Schelm! daß du mir jezo noch im Alter den verdammten Streich machst, und Soldat wirst. —

Anton. Mutter! ich kann nicht anders (Wirthin redt mit der Tochter.)

Mutter.

Mutter. (nimmt ihm das Kasquet vom Kopf.) Wie! was? du kannst nicht anders. Sieh! mit keinem Aug will ich dich mehr ansehen, du tausend sa sa, wenn du nicht gleich das konfiszirte Ding da weggibst.

Korp. He! alte Frau! mehr Respekt — es gehört zu des Königs Montirungsstücken.

Mutter. Ey was geht mich das an? Ist der Schelm mein einziger Sohn, von 14 Kindern noch allein übrig, und jezt, da er ein Weib nehmen, da er mir Enkel bringen soll, wird er Soldat.

Rößchen. Lieber Anton! so bitt doch bey dem Herrn Oberlieutnant, daß er dich frey läßt.

Mutter. (hohlt ihn.) Geh her, und bitt schön, und sag, daß du kein Courage hast, und daß du kein Blut sehen kannst —

Rößchen. So bitt doch recht schön, lieber Anton!

Oberlieut. (zu Anton.) Wollt ihr euren Dienst wieder verlassen guter Freund?

Mutter. Sag ja!

Rößchen. O ja — lieber Anton! sag ja, ich will dich auch recht lieb haben.

Anton. Ich befolge das, was Sie von mir verlangen. **Oberlieut.** Nun, so verlange ich, daß du dein Mädchen wieder lieben sollst. (schleudert ihr Anton in die Arme.) Du bist frey.

Rößchen.

Röschen. Ich habe meinen Anton wieder.

Mutter. (freudig.) Und ich meinen Sohn wieder.

Niklas. Aber Mädchen! noch einmal, so bleibt es dabey, du mußt ohne Mann sterben, und das ist wohl die härteste Busse, die man einem Mädchen auflegen kann.

Röschen. So wollen wir morgen gleich Hochzeit machen.

Niklas. Damit du nicht mehr in die Versuchung geräthst, nicht wahr?

Ob:rlieut. Röschen! ich gab dir deinen Bräutigam zurück. Ist er dein Mann, und du liebst ihn alsdenn nicht eben so, wie jezt, so fällt die Schande auf dich zurück. Nun lebt wohl — und seyd glücklich. (mit dem Korporal ab.)

Röschen. Tausend Dank! lieber Herr Oberlieutnant!

Alle. Tausend Dank! lieber Herr Oberlieutnant!

Niklas. Jezt hohl ich geschwind einen frischen Wein, damit wir Vergleich trinken können, bey solchen Verdrüßlichkeiten ist ein Glas Wein das beste Mittel zur Aussöhnung —

Alle. Ja, das wollen wir, es lebe der Herr Oberlieutnant,

Ende des ersten Aufzugs.

Zweiter Aufzug.

Erster Auftritt.

(Wirthszimmer.)

(Unter der Zwischen-Musik hört man donnern. Einige Bauern am Tisch. Anton. Seine Mutter. Niklas.

Bauer. (reicht ihr das Glas.) Trink sie doch aus, Frau Nachbarin! es lebe der Herr Oberlieutenant!

Mutter. (steht auf) Ich trink nicht mehr, jezt geh ich nach Haus.

Niklas. Bei dem Gewitter ists ja unmöglich, es donnert nicht anders, als wenn der jüngste Tag kommen wollt.

Bauer. Noch ein Glaß, Vetter! wir sizen ja im Trocknen.

Mutter. Wartet doch, Nachbar! bis das Gewitter vorüber ist,

Niklas. Ei ja wohl, das wär wider mein Intresse, gebt her die Flasche (ab.) (man hört immer fort donnern.)

Zweiter Auftritt.

Vorige. Oberlieutenant.

Oberlieut. Ein fürchterliches Gewitter — (alle Bauern stehen auf) Bleibt sizen, meine Freunde, laßt es euch gut schmecken —

Dritter Auftritt.

Vorige. Korporal.

Korpor. Herr Oberlieutenant! vier Reuter kommen dem Hause zu, — ich halte sie für Offiziere.

Oberlieut. Offiziere? vielleicht von dem Gefolge des Prinzen?

Niklas. (springt herein mit der Flasche.) tausend Sapperment! was für vornehme Gäste bekomme ich heute ins Quartier. Vier Passagiers mit Sattel und Pferd haben sich bei mir einlogirt —

Oberlieut. Wo sind sie?

Niklas. (geschäftig.) Unten im Stall, binden ihre Pferde an, bei dem einen hab ich einen großmächtigen Stern funkeln sehen, als wie der König einen trägt.

Korpor. Einen Stern?

Vier

Vierter Auftritt.

Vorige, der Prinz in Uniformkaput. Obrist von Lenkoff, mehrere Offiziere. (die Bauern und die übrigen stehen auf, schleichen sich allgemach davon.)

Prinz. Gut — daß wir unter Dach sind, ehe uns der Regen erwischte — (zu Niklas) ist er der Wirth, mein Freund?

Niklas. Zu dienen — Euer Gnaden!

Oberl.⎱
Korp. ⎰ (für sich) Der Prinz!

Prinz. Der Himmel grüß sie, Herr Oberlieutnant! wie gehts?

Oberlieut. Gut, Euer königliche Hoheit!

Prinz. Nennen sie mich Hauptmann, ich möchte gerne unerkannt seyn. Sie haben uns heute nicht erwartet?

Oberlieut. Keineswegs, Herr Hauptmann. Der morgende Tag —

Obrist. Wegen dem üblen Weg marschirten wir einen Tag früher ab, als wir im Sinne hatten — das Gewitter überfiel uns.

Prinz. Wir wollen heute Nacht gut schlafen, und morgen frühe wieder aufbrechen (zum Wirth.) Werden wir hier übernachten können? mein Freund!

Nik-

Niklas. Warum denn nicht, Euer Gnaden! die zwei Herrn muß ich halt in ein Bett legen, müssen eben vorlieb nehmen mit meiner schlechten Aufwartung.

Prinz. Können wir auch etwas zu essen haben? wir haben Hunger —

Niklas. Ei ja freilich! ein Stück kalter Braten ist noch übrig geblieben von gestern, ein guter Salat dazu, es ist ein Essen, es dürft sich kein Fürst daran schämen; oder befehlen Euer Gnaden etwa ein paar junge Enten, oder einen Kapaun, so mürb, wie eine Butterpastete.

Obrist. Gut, gut, mach er so etwas zusammen auf diesen Abend —

Niklas. Alles in eine Schüssel, Euer Gnaden?

Obrist. Auch ein Glas Wein, wenn ich bitten darf.

Niklas. O Euer Gnaden, einen extra Wein hab ich würklich im Keller, die Maaß für achtzehn Kreuzer, ich wette, daß Euer Gnaden noch kein solches Weinchen für acht Groschen getrunken haben.

Prinz. Nun, Herr Oberlieutenant! wie gehts mit ihrer Rekrutirung?

Oberlieut. Ich schickte vorgestern sieben Mann zum Regiment, heute warb ich einen jungen Menschen, in der zweiten Stunde ließ ich ihn wieder frei.

Prinz. Und warum? **Oberl.**

Oberlieut. Er stund im Wahne, daß ihm seine Braut ungetreu wäre, entschloß sich aus Verzweiflung, Soldat zu werden. Weil nun mein König keine aus Verzweiflung angebungene Leute brauchen kann, so hielt ich es für menschlicher, mich durch das Flehen seiner alten Mutter, deren einziger Sohn er ist, durch das Bitten seiner Geliebtin überreden zu lassen, den jungen Menschen frei zu geben, und beide glücklich zu machen.

Prinz. (schlägt ihn auf die Schulter.) Brav, Oberlieutenant! der Soldat muß nie vergessen, daß er Mensch ist, und mit Menschen zu thun hat, und bei keiner Gelegenheit ist er im Stande, mehrere Proben der Menschenliebe auszuüben, als bei dem Posten, den sie begleiten. (zum Adjutant.) Sie machen Anstalt zur Wachtaustheilung.

Obrist. Vierhundert Mann müssen einquartirt werden.

Prinz. Damit nur die besten und getreuesten Leute auf sichere Posten kommen. Wir haben viele feindliche Deserteurs bei uns. Wie heißt der Kadet, mit dem ich mich auf dem Marsch so gut unterhielt —

Obrist. Kadet Drommer.

Prinz. Gut, den stellen sie mir zur Wache.

Oberl.

Oberlieut. (für sich.) Kadet Drommer? ist es möglich, Gott! könnte ich hinfliehen zu Sophien, und ihr diese Nachricht überbringen.

Obrist. Es wäre am besten, wenn wir unsere Leute 50, zu 50, in Scheunen legen könnten, wir würden sicherer für Deserzion seyn.

Prinz. Ich sollte denken, daß der Oberlieutnant Winter all dieses am besten besorgen könnte. Er ist hier im Dorfe bekannt, und unsere Offiziere könnten bei dieser Gelegenheit ausruhen, übernehmen sie die Wache, Herr Oberlieutenant.

Oberlieut. Ich befolge ihren Befehl (mit dem Korporal ab.)

Fünfter Auftritt.

Vorige. Wirthin.

Niklas. Eben recht, daß du kömmst, diese Herrn da bleiben diese Nacht bei uns, such dein schönes geblumtes Bettzeug aus dem Kasten, hast mich verstanden!

Wirthin. Ist das möglich! die vornehme Herrn bleiben bei uns!

Sechster Auftritt.

Vorige. (Röschen springt eilends herein.)

Röschen. Vater! Vater! der Prinz, der Prinz ist in unserm Haus.

Niklas. ⎫ Wie? was? der Prinz! der
Frau. ⎬ Herr Prinz —

Röschen. Richtig! der Herr Prinz bleibt bey uns über Nacht, einer von den Herrn da ist es — (fröhlich.) Hilf Himmel! der Herr Prinz bey uns über Nacht —

Niklas. (mit einem tiefen Bückling, schleicht sich immer näher zu dem Prinzen.) Sollt denn wohl unter Euer Gnaden etwa der Herr Prinz (zupft ihn am Rock) versteckt seyn? he! (der Prinz unterhält sich mit dem Obrist.)

Frau. (hält ihn zurück.) So red doch anders lieber Niklas! du mein Gott! es könnt ja wahr seyn.

Niklas. Halt dein Maul, ich muß reden, wie mir der Schnabel gewachsen ist.

Frau. So sey doch still (hält ihm den Mund zu.)

Röschen. Der schöne große Herr da ists, ein Soldat hat mirs gesagt (springt ab.)

Niklas, (mit lächerlicher Freude.) O Jemine! o jemine! wer hätte sich das noch einfallen lassen, daß Euer Gnaden der Herr Prinz bey

bey mir über Nacht bleiben soll. Aber sind Euer Gnaden wirklich der Prinz?

Prinz. Ja Freund! ich bin der Prinz, und wenn ihr mich bewirthen wollet, so erweiset ihr mir eine Gefälligkeit ((öffnet den Kaputrock.)

Niklas. Mein lieber Gott und Herr, das ist ja für mich und meine Kindskinder das größte Glück auf der Welt (zur Frau.) aber so bedenk doch, du stehst ja da, wie ein ausgebalgter Seehund, so bedenk doch der Prinz bey uns über Nacht — nach 60 Jahren werden noch unsere Enkel — Urenkel, und Ururenkel einander erzählen, daß bey mir Niklas Plink, Wirth und Gastgeber zum goldenen Phasan, Euer Gnaden der Herr Prinz geschlafen haben.

Prinz.
Obrist. } (Lachen.)

Prinz. Es scheint, ihr seyd ein lustiger Mann, ich halte euch für einen der glücklichsten Unterthanen meines Bruders.

Niklas. Bins! bins! Euer Gnaden! aber erst seit dem Augenblick, da sich der Prinz bey mir einlogirt hat.

Prinz. Welches ist denn das Zimmer, das wir bewohnen sollen?

Niklas. Jezt merk dirs Anna, der Herr Prinz schläft allein, für den alten Herrn da, überziehst du unser Ehbett frisch und sauber, ich will mir nicht nachsagen lassen, daß so vorneh=

nehmen Gäste nicht gut bey mir sollen geschlafen haben, haſts gehört? aber ſo red doch auch etwas, du biſt ja ſo ſtumm, wie des Bileams Eſel, es iſt nicht anders, als wenn man dir deine Worte mit dem Kugelzieher heraushohlen ſollte (will fort, kömmt immer wieder geſchäftig zurück.)

Frau. Ich kann vor Freude nicht 7 Worte herausbringen, lieber Niklas!

Niklas. Nun ſo red nur 5. Worte, ich muß mich ja zu tod reden — ſo mach doch Anſtalt, räuchere das Zimmer wohl aus mit Wachholderkern und Zuckerkandel, vergiß mir nicht die Würſte und Plunzen herauszunehmen, die ich auf der Ofenſtange aufgehangen habe, haſt mich verſtanden? —

Prinz. Nur nicht ſo viele Umſtände, mein Freund!

Niklas. Lieber, goldner Herr Prinz, wenns noch Zeit wäre, ich ließ das ganze Haus ausfegen (zur Frau.) Nu! warum gehſt denn nicht?

Prinz. Nun, liebe Leute! macht mir und meinem Obriſten ein gutes Lager, und gebt uns etwas zu eſſen, ich werde erkenntlich ſeyn.

Obriſt. Prinz! ich glaube nicht, daß es gegenwärtig in der Welt zwey vergnügtere Menſchen gibt, als dieſe, die Sie durch ihr Nachtquartier zu den glücklichſten der Erde machen.

Prinz.

Prinz. Menschen frohe Tage machen, ist ein Gefühl der Seeligkeit, bringt mich in mein Quartier! —

Niklas. Weib! Weib! sag — so geh — geh — führ den Herrn Prinz ins Zimmer Nro. Nro. Nro.

Frau. Wie soll ich denn gehen? lieber Niklas!

Niklas. Ja, jezt weiß ichs selber nicht, sollest hinten, oder vorne gehen, so geh doch nur, geh nur — (Prinz lacht.) (alle ab.) Bück dich tief — Anna! (Sie geht rücklings mit vielen Verbeugungen ab.) (alle ab.)

Niklas. Vor Freuden weiß ich jezt nicht, soll ich auch gehen, oder soll ich da bleiben; ich will indessen ein paar Enten fangen, wills schlachten, unser 9. wochiges Kalb schlacht ich auch in der Eil, denn werden ja, wie ich den=ke, die Herrn genug zu essen haben — (man hört in der Ferne den Grenadier Marsch.)

Siebenter Auftritt.

Vorige. Röschen.

Röschen. Seht doch — lieber Vater! ein ganz Regiment zieht auf.

Niklas. Hat er denn auch Soldaten mit=gebracht, der Herr Prinz?

Röschen.

ein militärisches Original-Lustspiel.

Röschen. Viele 1000 Mann (Sie schaut zum Fenster hinaus, man trommelt) So schau er nur zu, die Soldaten exerziren vor unserm Haus, der Herr Oberlieutnant ist auch dabei.

Niklas. Tausend sa sa! das muß ich sehen (will ab, kommt wieder zurück.) Wie meynst? da fällt mir ein guter Gedanke ein, sollt man nicht in dem Zimmer, wo der Herr Prinz schläft, einheitzen?

Röschen. Aber lieber Vater! wo denkt er hin, im Monat Juli einheitzen (will ab.)

Niklas. Hast recht, hast recht! man weiß nur nicht, was man so einem Herrn für Ehren erweisen soll. Noch etwas fällt mir ein, weist auch, daß ich Morgen meinen Schild verändere, jezt heißts zum goldenen Phasan, und morgen —

Röschen. Da bin ich begierig, ha ha ha —

Niklas. Zum goldenen Prinzen (wirft seine Müze in die Höhe.) Zum goldenen Prinzen (ab).

Achter Auftritt.

Wirthin. Röschen.

Wirthin. Die Freude wird dem Mann noch dem Kopf verrücken.

Röschen. Es ist aber auch eine große Ehre, liebe Mutter! der Herr Prinz —

Frau.

Frau. Ist denn die Folge dieser grossen Ehre, daß man so toll seyn muß, da nimm den Kehrbesen, kehr ab, damit es sauber aussieht.

Röschen. Freilich, es ist die höchste Noth, es sieht ja aus, als wenn man nur alle Karfreitag einmal auspuzte (man hört näher den Grenadiermarsch, sie springt ans Fenster.) Ah! schon wieder, wenn ich es doch nur sehen könnte.

Frau. So wird dir dein Abkehren wenig werth seyn — gib her! da hätte man acht Tage nöthig, um den Unrath wegzuschaffen — hör — nun (Röschen sieht immer zum Fenster hinaus.) So guk nicht immer du nasenweise Hexe du, geh lieber mit mir in die Küche (beide ab.)

Neunter Auftritt.

(**Feldmusik.**) (Freier Plaz im Dorfe. Haus mit Schild, im Hintergrunde der Bühne stehen viele Soldaten.

Oberlieutenat Winter kommandirt. Oben Kadet Drommer, und unten Korporal Lange; nebenbei steht Niklas, die grüne Müze unter dem Arm, mehrere Bauern, die zusehen. Kadet Drommer wird an Niklas Hausthür kommandirt, die andern ziehen ab. Es wird nach und nach finster.

Niklas. (zu den Bauern.) Nachbar! geht dir das Ding nicht wie das Hexenwerk, so will ich nicht ehrlich seyn.

Bauer. Das mag Mühe gekostet haben, Vetter! bis die Herrn das Ding so gelernt haben.

Zehnter Auftritt.

Wirthin sucht ihren Mann.

Frau. Wo steckst du denn um des Himmelswillen? ich muß mich zu Haus plagen, und er bleibt da stehen, und sieht den Soldaten zu.

Niklas. So gieb dich doch zufrieden, Weibchen!

Frau. Nach Haus sollst du mir!

Niklas. So wart doch, und fang mir keine Verdrüßlichkeiten an, da wir die hohe Gnade haben, den Herrn Prinzen zu beherbergen, sey wenigstens nur friedlich, so lang' er im Haus ist —

Frau. Nach Haus sollst du, oder ich rühr dir kein Stück mehr an.

Niklas. (zum Nachbar.) Ich muß nur mit — sonst fängt sie Lärmen an, daß das Haus und Hof erschallt, komm her, du übersilberte Landmünze du (nimmt sie unter den Arm) (wie er hinein will, sieht er den Kadet) Nun, wie ists junger Herr? giebts nichts dergleichen? (macht das Exerzizium nach.) halb rechts, halb links, weiß er was? es kommt mir nicht auf einen guten Trunk an, mach er mir das Ding noch einmal vor.

Kadet. Ein andermal — mein Freund!

Niklas. Hoch das Gewehr! (präsentirt mit der Müze.

Frau. So geh nur nach Haus, es wird ja schon dunkel,

Niklas. (wie zuvor.) Das Gewehr nieder!

Frau. So komm doch! wir werden ja nicht mehr fertig, der Herr Prinz wird bald speisen wollen.

Niklas.

Niklas. Gewehr auf die Schulter (Ober=
lieutenant kommt.) Eben recht, daß sie kom=
men, Herr Oberlieutenant! —

Eilfter Auftritt.

Vorige. Oberlieutenant.

Oberlieut. Was giebts? was wollt ihr?
Niklas. Der junge Herr da, will seine
Schuldigkeit nicht beobachten.
Oberlieut. Welche Schuldigkeit?
Niklas. Das Haus gehört doch mein,
nicht wahr?
Oberlieut. Wie ich nicht anders weiß.
Niklas. Und doch will der junge Herr da
nicht das Ding vor mir präsentiren.
Oberlient. (lacht.) Ihr seyd ein närri=
scher Mann, das ist freilich unbillig, ihr seyd
doch Hausherr? (er winkt dem Kadet, die=
ser zieht das Gewehr an, Niklas springt
freudig zurück.
Niklas. So ists recht junger Herr! wenn
die Stunde um ist, schick ich ihm ein Maaß
Wein, trink er auf meine Gesundheit (ab.)

Zwölfter Auftritt.

Kadet Drommer. hernach **Sophie.**

Sophie. (in der Entfernung) Also du mir so nahe, einziger, liebster Bruder! und wo soll ich dich finden? Morgen, schreibt der Oberlieutenant, marschirt er in aller Frühe wieder in das Lager, — o wie schlägt mir mein Herz, wenn ich daran denke, den einzigen, den ich liebe, an mein Herz zu drücken, — wenn ich nur mit Jemand sprechen könnte, hier ist ja die Wache — guter Freund?

Kadet. Was beliebt?

Sophie. Ist nicht ein Kadet mit dem Kommando eingerückt?

Kadet. (beis.) Himmel! wessen Stimme hör ich — Sophie!

Sophie. Karl bist du es (ihm in den Arm.)

Kadet Schwester! wie kommst du hieher? wo ist der Vater?

Sophie. Hier im Dorf, er seufzt nach deiner Umarmung.

Kadet. Ich meinte aber, daß ihr in Rensdorf —

Sophie. Wir sind schon seit 6 Monaten hier.

Kadet. Und von wem erfuhrst du? daß ich —

So=

Sophie. Von dem Oberlieutenant Winter.

Kadet. Was macht der Vater?

Sophie. Du mußt ihn heute noch sehen, ihm die unvermuthete Freude machen, ihn zu besuchen.

Kadet. Hohl ihn hieher, Schwester! eile! eile! jeder Augenblick ist mir verlohren, den ich hier, ohne ihn zu sprechen, zubringe.

Sophie. (beis.) ich muß mich verstellen (zu ihm) Bruder! wenn du ihn noch lebendig sehen willst, so komm mit mir, vielleicht — vielleicht verlieren wir den guten Vater noch diese Nacht, vielleicht in einer Stunde, du mußt —

Kadet. Schwester! fühl an mein Herz, empfinde, wie es meinem alten Vater entgegen schlägt, wie gerne ich ihn sehen, sprechen, umarmen möchte, aber nach zweien Stunden erst verlaße ich diesen Posten. Ich bewahre den Prinzen, und morgen in aller früh reiß ich ab.

Sophie. Nur einen Augenblick komm mit mir —

Kadet. Und ich sollte den Posten verlassen — Schwester! das wär schändlich, ganz wieder meine Pflicht.

Sophie. Welcher Gefahr sezst du dich aus — es ist Nacht — komm Bruder! —

Kadet. Unmöglich, Sophie!

Sophie. Und deinen alten Vater, der nach seines Sohnes Umarmung schmachtet, willst du du diese Freude — die lezte in seinem Leben, vielleicht versagen?

Kadet. Du marterst mich mit deinen Reden.

Sophie. So komm, lieber Bruder! nur eine Viertelstunde —

Kadet. Glaube mir, noch nie trug ich so schwer an dieser Muskete, als izt — aber meine Pflicht ist mir heilig, ich bewache des Prinzen Person.

Sophie. Der Prinz ist Mensch, war auch Sohn, fühlte die kindlichen Triebe gegen Eltern eben so, wie du — komm (will ihn fort nehmen.)

Kadet. Wann es offenbar würde, es könnte mich das Leben kosten — Schwester —

Sophie. Wie? was sagst du? das Leben —

Kadet. Wenn mich der Oberlieutnant beim Visitiren nicht auf dem Posten findet, so bin ich verrathen.

Sophie. Welcher Oberlieutnant?

Kadet. Oberlieutnant Winter hat die Wache.

Sophie. (für sich) Ha! da fällt mir ein Romanenstreich ein, (laut.) Bruder! Winter ist mein Freund, mir zu lieb wird er es verschweigen.

Kadet. Und dir zu Lieb seinem König untreu werden?

Sophie.

Sophie. (beis.) Ja! ich will es wagen! (laut.) Bruder! du weißt, wie wir noch jung waren, lehrte uns der Vater aus Zeitvertreib das Exerziren, hast du keine Uniform mehr bei dir?

Kadet. Wozu? Dort neben der Thüre in meinem Tornister ist Uniform, Beinkleider, und Weste — alles — aber wozu?

Sophie. Gieb mir den Schlüssel zu dem Tornister, ich kleide mich um, und versehe indessen da du nach Hause gehest, den Posten.

Kadet. Welch ein Einfall. Aber ich kann es nicht wagen, wohin führt dich dein gutes Herz?

Sophie. Du gehst also nicht? willst deinem alten Vater zu Lieb nicht etwas unternehmen, das dich doch die kindliche Pflicht zu wagen befiehlt. Leb wohl Bruder! ich bringe deinem Vater diese Nachricht, sie wird ihn tödten (will fort.)

Kadet. (Pause) Schwester! Kindesliebe kennt keine Gränzen, hier ist der Schlüssel, kleide dich an, und komme eilend.

Sophie. (umarmt ihn) Laß dich umarmen, Bruder! ein junger Soldat muß wagen, ich bin gleich wieder bei dir (ab.)

Kadet. Was beginn' ich? Was unternehm' ich? Wozu vermag nicht Zudringlichkeit einer Schwester, den Bruder zu verleiten?

doch

doch! ich will es wagen, vielleicht gelingts (sieht Jemand kommen, er ruft) Wer da?

Dreizehnter Auftritt.

Korporal, mit der Feldmusik.

Korp. Gut Freund! — — Korporal Lange, ich bringe hier einige unserer Leute, um dem Prinzen eine kleine Nachtmusik zu machen.

Kadet. (für sich.) Nun, wird sogar durch dieses mein Plan vereitelt. — (laut) Der Prinz ist von der Reise müde.

Korp. Er ist ein Freund der Musik, wir wollen es wagen. (Nachtmusik von blasenden Instrumenten, welche so lange dauert, bis sich Sophie umgekleidet hat.)

Vierzehnter Auftritt.

Vorige. Obrist Lenkoff aus dem Hause, Kadet präsentirt.

Obrist. Ihr Leute! geht nach Haus, der Prinz liegt schon zu Bette, der Schlaf hat ihn bei dem Essen überrascht, er ist von dem Marsch ermüdet, morgen will ich euch etwas für eure Mühe schiken, Drommer! halt er gut Wache. (ab.)

(Hier

(Hier wird das lezte Stück gespielt, Korporal und die Leute ab.)

Kadet. Wie leicht hätt ich nun meinem Obrist alles entdeken können, aber nun ist es zu spät — wie ich zittere, bebe, wie mir mein Herz schlägt. In welche verzweifelte Lage setzte ich mich — aber es sey. Ich habe den Entschluß gefaßt, ich will ihn auch ausführen. Ist doch schon mancher Coup, den man unternommen, glücklich ausgeführt worden, vielleicht gelingt auch dieser — die Freude, meinen Vater wieder zu sehen, macht mich bei den Gefahren taub, die mir bevorstehen.

Fünfzehnter Auftritt.

Sophie eilend. Kadet.

Sophie. (als Kadet) Da bin ich schon wieder, kann ich nicht ein solches Kadetchen, wie du bist, vorstellen? mein Bruder!

Kadet. Aber Schwester! —

Sophie. Kein Bedenken, gib mir dein Kasket, dein Gewehr, und geh, neben der Kirche in dem weißen Haus, wo du ein Licht brennen siehst, da wohnt er — der Himmel begleite dich.

Kadet. Schwester! wenn ich verrathen werde, so machst du mich unglücklich — —

Sophie.

Sophie. Keine Umstände, das Gewehr her!

Kadet. Hier hast du es, und mit ihm mein gutes Gewissen, das mich bei jedem Tritt an die Vernachlässigung meiner Pflicht errinnern wird.

Sophie. So geh doch, und plaudere nicht.

Kadet. Wenn der Oberlieutnant kömmt?

Sophie. Mit dem werd ich wohl am besten zu recht kommen. So geh doch einmal, ein Soldat wie ich bin, kann keine nächtliche Zusammenkünfte auf dem Posten dulden.

Kadet. Du scherzest, ich wünschte, daß ich schon wieder zurück käme. —

Sophie. Eine Stunde hat der Herr Kadet Erlaubniß, mehr kann ich ihm nicht vergönnen.

Kadet. Leb indessen wohl — wenn ich verrathen werde, so machst du mich unglücklich. (ab)

Sophie. Was es doch für Wesens braucht, die Herrn Soldaten nur ein bischen ihrer Pflicht vergessen zu machen. Was kann denn daraus entstehen? Der Oberlieutnant hat die Inspektion, in einer Stunde ist er schon wieder da. O Himmel! ich höre schon Jemand kommen. (Sie stellt sich an das Haus) Wer da? (leise) Es ist der Oberlieutnant! (laut mit männlicher Stimme) Wer da? Losung?

Sech=

Sechzehnter Auftritt.

Sophie. Winter.

Oberl. Gut Freund! bei ihnen, mein lieber Drommer! heißt die Losung: Sophie.

Sophie. Wie — — kennen Sie mich denn schon? Herr Oberlieutnant! haben Sie meinen Bruder gesprochen?

Oberl. (erschrikt) Gott! wessen Stimme höre ich?

Sophie. Sie kennen mich ja? nicht wahr?

Oberl. Hör ich recht, um Gotteswillen, was machen Sie hier?

Sophie. (scherzend) Ich habe meinen Bruder abgelößt.

Oberl. Und wohin ist dieser?

Sophie. Zu meinem Vater.

Oberl. Der Himmel gebe, daß er zurückkömmt, so lange ich bei ihnen bin — (beis.) ich bin in der größten Verlegenheit.

Sophie. Und warum denn?

Oberl. Meine Pflicht, und meine Liebe —

Sophie. Die erste müssen Sie jezt schon auf eine Stunde vergessen.

Oberl. Wenn ihr Betrug offenbar wird, so ist ihr Bruder verlohren.

Sophie. Ihr werdet doch nicht so strenge seyn, ihr Herrn Soldaten?

Oberl.

Oberl. Der Tod ist die Strafe des Ent͜weichens von dem Posten, und ihr Bruder be͜wacht den Prinzen.

Sophie. Und jezt bewacht ihn seine Schwe͜ster, ich lasse auch mein Leben für ihn. — Doch lassen sie uns davon abbrechen. Ich tanke ihnen für ihre Nachricht, mein lieber Ober͜lieutnant! — Nun wie gefall ich ihnen als Re͜krut?

Oberl. (für sich.) Meine Pflicht vergesse ich in den Armen dieses himmlischen Mädchens (laut.) laß dich umarmen, lieber, schöner Kriegskamerad.

Sophie. Sie bleiben aber doch bei mir, bis mein Bruder zurückkömmt?

Oberl. Wenn sie nicht davon eilen wollen, wie vorhin, da ich ihnen meine Liebe ent͜dekte —

Sophie. In diesem Rock halte ich Stand, ein königlicher Kadet kann nicht zurückfliehen.

Oberl. Liebes, gutes, schönes Mädchen! schon vorhin entdekte ich ihnen meine Liebe — und sie entflohen —

Sophie. Haben sie noch je erlebt, daß Soldaten ihre Romane auf der Wache en͜digten?

Oberl. O ja, wenn man so hübsche, und artige Kameraden unter ihnen hat — warum nicht?

Sophie.

Sophie. Ich dächte, es liesse sich besser von der Sache reden, wenn der Prinz fort ist —

Oberl. Und warum jezt nicht, Sie wissen, daß mein Herz ganz für sie schlägt.

Sophie. Mein Grundsatz ist ihnen aber bekannt —

Oberl. Den sie verlassen müssen, wenn sie ihrer Bestimmung getreu leben wollen.

Sophie. So lange mein Vater lebt, werd ich nie an eine Heurath denken.

Oberl. Aber doch an Liebe?

Sophie. Liebe ohne Absicht zur Heurath, ist für mich ein Unding.

Oberl. Auch dieser Grundsatz ist ein Beweis ihrer Rechtschaffenheit, sie wissen, worauf sich meine Liebe gegen sie, gründet, wie wär es möglich, bei einem Mädchen von ihren Eigenschaften an unächte Liebe denken zu können? — Ich bin Offizier — zwar nicht reich, doch jährliche 1000. Thaler Einkünfte — sollten wir mit diesem, zwar nicht groß, doch zufrieden leben können?

Sophie. Also auf dem Posten hier wollten sie gerne Versicherung meiner Liebe haben?

Oberl. Jeder Ort sey mir heilig, wo sie mir das Geständniß ihrer Liebe ablegen, noch heiliger aber der Ort, der zur Beschützung meines Prinzen bestimmt ist —

E   Sophie.

Sophie. Ist doch so lange die Welt steht, noch kein Ehekontrakt zwischen zween Soldaten auf dem Posten geschlossen worden?

Oberl. Jedes Ausserordentliche gelingt besser, als das Gewöhnliche, schenken sie mir ihre Hand, bestes Mädchen! ihr Herz besitze ich doch schon — ihre Worte, die sie vorhin beim Weggehen aussprachen, versichern mich dieses Glückes — —

Sophie. (bedenklich) Meine Worte? —

Oberl. Lieben ist wider meinen Grundsatz sagten sie, ich muß gehen, sonst werd ich ihm untreu, und liebe Sie auch.

Sophie. Sagte ich das im Ernst? Nun gut, sie lieben mich, Oberlieutnant? Sie könnten beinahe das erste Recht auf meine Hand haben — aber (Allarm in der Ferne auf beiden Seiten) Gott! was hat das zu bedeuten? (man hört es näher.)

Oberl. Was mag vorgefallen seyn? da kömmt jemand.

Siebzehnter Auftritt.

Vorige. Korporal Strobel eilend.

Oberl. Sophie! das Gewehr — auf den Posten.

Korp.

Korp. Gut, daß ich sie hier antreffe — Herr Oberlieutnant! zween Mann, Schwarz und Rehm sind desertirt.

Oberl. Alle Wetter! ist ihnen nachgesucht?

Korp. Ich habe schon 16. Mann am Ende des Dorfes umher postirt.

Oberl. Ich muß zum Obrist (leise) Nur nicht erschroken, sonst sind wir verrathen (laut) Ich komme gleich wieder. (ab in das Haus.)

Korp. Alle Donnerwetter! ich möchte doch wissen, wie es möglich wäre aus dem Dienst unsers guten Königs zu laufen. Ist doch kein Mann so gut behandelt, als unsere Leute, und doch laufen sie davon, als wenn man ihnen bei andern den Sold siebenfach vermehrte. Pfui über die Schurken, hab ich nicht recht, junger Kriegskamerad?

Sophie. (mit verstellter Stimme) Ja.

Korp. Sind das nicht Schurken, die man hängen sollte, wenn sie den Posten verlassen, und ihrem König untreu werden?

Sophie. Ja! (man hört wieder Allarm schlagen.)

Achtzehnter Auftritt.

Vorige. Oberlieutnant zurück.

Oberl. Der Herr Oberste wird sogleich kommen. Korporal! mach er Anstalt.
Korp. (ab.)
Oberl. Sophie! wenn uns der Himmel nicht schützt, so sind wir verlohren! — ha! der Obrist —
Sophie. (zieht das Gewehr an.)

Neunzehnter Auftritt.

Vorige. Obrist.

Obrist. Sind schon Anstalten getroffen? Herr Oberlieutnant!
Oberl. 16. Mann hat Korporal Strobel auspostirt.
Obrist. Da seh ich Leute kommen, vielleicht hat man sie schon eingeholt?
Oberl. Nicht anders. —

ein militärisches Original-Lustspiel.

Zwanzigster Auftritt.

(Mehrere Soldaten bringen Kadet Drommer, 2 davon haben Windlichter, Sophie, wie sie ihren Bruder erblikt, läßt das Gewehr fallen, und fällt in des Lieutnants Arme.)

Sophie. Allmächtiger Gott! mein Bruder —

Oberl. Verwünschter Zufall!

Obrist. Was seh ich! der Kadet! alle Donnerwetter! was ist das?

Kadet. (fällt ihm zu Füssen) Herr Obrist! ich bin unschuldig, meine Schwester —

Oberl. Ist hier auf dem Posten —

Obrist. Was seh' ich? —

Kadet. Hören sie mich an, Herr Obrist! eh sie mein Urtheil aussprechen, ich bin unschuldig — — mein Vater!

Oberl. Sein Vater ist hier im Dorfe.

Obrist. Sein Vater ist in Rensdorf.

Kadet. Er flüchtete sich hieher mit meiner Schwester.

Sophie. (die sich indessen erhohlte) Gnade — Herr Obrist! für meinen Bruder.

Obrist. Welche abgeredete Bosheit! ein Mädchen verkleidet zur Wache des Prinzen. (Sie kömmt herfür.) Ins Spinnhaus mit dir, Dirne! die du dich für seine Schwester ausgiebst, ziehe in das Lager, wenn dir das Soldatenleben gefällt, und verführe nicht Leute, die ihrem König getreu zu seyn, heilig geschworen haben, reißt ihr den Rock vom Leib, die Montur wird beschimpft, wenn sie eine Dirne trägt. (Wie der Obrist abgehen will, tritt ihm Sophie vor, fällt nochmal vor ihn hin.)

Sophie. Herr Obrist! haben sie die Gnade, hören sie mich an!

Obrist. (stößt sie fort.) Wenn man dich morgen beim Verhör braucht, wird man dich rufen lassen — (ab.)

Oberl. (hebt sie auf) Sophie! haben sie Muth, es kann noch alles gut gehen.

Sophie. Mein Bruder ist unschuldig, ich beschwöre es vor Gott (ab.)

(Kadet wird abgeführt, ein anderer Mann wird für ihn an das Haus kommandirt.)

Ende des zweiten Aufzugs.

Drit=

Dritter Aufzug.

Erster Auftritt.

(Wirths Zimmer.)

(Niklas gähnend, kommt aus der Seitenthüre mit seinem Weib.)

Niklas. Hab meiner Six! so gut auf meinem Heuboden geschlafen, als wenn ich in des Grosmogels Federbett gelegen wäre (gähnt) uah! uah! guten Tag, Anna! bist du auch schon da, liebes Weibchen? es hat dir doch auch gut geschmekt? he —

Frau. Ja — wenn mich dein Schnarchen nicht alle Stunde aufgewekt hätte.

Niklas. Nun! Nun! so oft ich aufgewacht bin, hab ich gleich wieder daran gedacht, daß der Prinz unter unserm Dache ist, und da bin ich immer wieder vergnügter eingeschlaffen (gähnt) Apropos — Weibchen! hast du auch schon an ein Frühstück gedacht für den Herrn Prinzen?

Frau. Weiß ja nicht, was er nimmt?

Niklas. Was anders als Koffee — wir haben ja noch ein halb Pfund im Haus.

Zweyter Auftritt.

Vorige. Röschen.

Röschen. Guten Morgen Vater, und Mutter, habt ihr auch heute Nacht das Lärmen gehört? Vater!

Niklas. Lärmen? was für ein Lärmen?

Röschen. Man hat abscheulich getrommelt — sie sagen, ein Soldat sey desertirt.

Niklas. Ein Soldat? Schlappermost! dem möcht ich meinen Bukel nicht lehnen.

Frau. Nun, sie werden ihn doch nicht umbringen.

Niklas. Umbringen eben nicht, aber so eine Promenade machen sie ihm auf den blossen Bukel, daß ihm Hören und Sehen vergeht.

Frau. Sey still, lieber Mann! das ist fürchterlich.

Röschen. Ich glaube, die Soldaten sind harte Leute.

Niklas. Das sind sie nicht, aber wer könnte denn Meister unter ihnen werden, wenn das nicht wäre — sie würden ja auseinander fliegen, wie die Buben, wenn sie aus der Schule

Schule gehen; und wenn sie denn der König haben wollt, so müßte man sie zusammenpfeifen wie die Jagdhunde.

Röschen. Der Prinz! schläft er noch? Vater!

Niklas. Freilich schläft er noch — meinst du denn, die grossen Herrn stehn auch so früh auf, wie unser einer, das wär eine schöne Haushaltung.

Röschen. Es wäre ja nur, bis man es gewohnt wäre —

Niklas. Schweig! unser lieber Herr Gott hat den Tag zum Wachen und Arbeiten, und die Nacht zum Schlafen gemacht, und wer es umkehrt, der ist ein Narr. —

Dritter Auftritt.

Vorige. Oberlieutnant.

Oberl. Guten Morgen, liebe Leute! der Prinz trug mir auf —

Niklas. Wie! der Herr Prinz schläft ja noch hart und stark —

Oberl. Nicht doch, er hat schon eine Stunde mit mir gesprochen —

Niklas. Also ligt er nicht mehr im Bett? Weib! so muß er auch nicht gut geschlafen haben?

Oberlieut. Der Prinz hat mir aufgetragen, ihm ein Frühstück zu bestellen —

Frau. Von Herzen gern, wenn wir nur wüßten —

Niklas. Wir haben Koffee im Hauß.

Oberlieut. Nichts davon. Ihr habt doch frischen Butter?

Röschen. Erst gestern haben wir gebuttert, Herr Oberlieutnant!

Oberlieut. Ein Glaß-Wasser, Butter und Brod verlangt er, das ist sein gewöhnliches Frühstück (für sich) der arme Drommer —

Anna. Um des Himmelswillen! was ist denn vorgefallen?

Röschen. Vielleicht sind Sie traurig wegen den desertirten Soldaten?

Oberlieut. Hast du schon etwas davon gehört? der unglückliche Mensch —

Niklas. Warum ist er desertirt?

Oberlieut. Nicht desertirt — er stellte seine Schwester, verkleidet auf den Posten, und ging zu seinem Vater.

Niklas. Brav! das ist mir ein rarer Streich —

Oberlieut. Verlaßt mich jezt, guten Leute, hier kommt seine Schwester. (Sophie kömmt.)

Niklas. Das arme Mädchen — wie Sie weint, es möcht einem das Herz im Leib zerspringen — (alle ab.

Vierter Auftritt.

Oberlieutnant. Sophie.

Sophie. Freund! bester Freund! was hab ich gethan? ich wollte meinem Vater eine unvermuthete Freude machen, und verwandle nun seine lezten Tage in die jammervolleste seines Lebens; wie ich nach Hause kam, ihm erzählte, daß mein Bruder! — (mit Schmerz.) Gott! er stieß mich von sich, nannte mich eine Verbrecherin, die Verführerin seines Sohnes (Pause) Freund! rathen Sie, helfen Sie! retten Sie meinen Bruder, ich habe nichts für Sie zur Belohnung, als meine Liebe, mein Herz, wenn Sie anders das Herz einer Verführerin, nicht verschmähen wollen.

Oberlieut. Bestes Mädchen! schonen sie sich, ihr Schmerz drückt sie zu Boden, ich erzählte dem Obrist alle Umstände, der Prinz kam dazu, flehen Sie diesen um Gnade an. —

Sophie. Ein Gedanke, der mir, gleich der erwärmenden Sonne, einen Strahl von Hoffnung in meine bebende Seele wirft — ja, ich will zu dem Prinzen, ich muß zu ihm, mein Bruder ist unschuldig.

Oberlieut. Ein besonderer Zufall, daß gerade in dieser Stunde Lärmen wegen denen Deserteurs entstehen mußte. —

Sophie.

Sophie. Welche Strafe steht ihm bevor, Freund?

Oberlieut. Wenn der Soldat den Posten verläßt, so soll er nach dem Kriegsrecht erschossen werden.

Sophie. (fällt in seine Arme.) Ewiger Gott! wenn das geschähe, so wäre ich Schuld an meines Bruders Tod, ich wäre seine Mörderin — ja, ich will zu dem Prinzen, will vor ihn hinstürzen, seine Kniee umfaßen, so lange vor ihm liegen bleiben, bis er meinem Bruder das Leben schenkt, oder mich für ihn sterben läßt.

Oberlieut. Der Prinz ist gnädig.

Sophie. Gott! wer kömmt?

Fünfter Auftritt.

Vorige. Korporal Lange.

Korp. (springt herein.) Herr Oberlieutenant! der Prinz! (ab.)

Oberlieut. Gehen Sie in das Nebenzimmer.

Sophie. Freund! retten Sie meinen Bruder, meine zärtlichste Liebe soll Sie belohnen. (ab)

Sechster Auftritt.

Oberlieutnant. Prinz. Obrist.

Prinz. (im hereintretten zu dem Obrist.) Das Mädchen möchte ich kennen lernen, — nichts weiter wegen Schwarz und Rehm, Herr Oberlieutnant?

Oberlieut. Ungeachtet aller Bemühung, nichts.

Prinz. Wegen Drommer müßen wir die Sache näher untersuchen, ich möchte seinen Vater sprechen.

Obrist. Ein seltener Zufall, wegen dem Mädchen —

Prinz. Also dessen können wir versichert seyn, daß er keine Absicht hatte, davon zu laufen —

Siebenter Auftritt.

Vorige. (Sophie stürzt zu seinen Füßen.)

Sophie. Prinz! dafür hafte ich mit meinem Leben.

Oberlieut. Drommers Schwester! mein Prinz!

Prinz. Der verkleidet geweste Kadet? steh Sie auf — Wer ist ihr Vater?

Sophie.

Sophie. Ein armer ausgedienter Soldat, ein Mann von 70 Jahren. (steht auf.)

Obrist. Wie lange seyd ihr hier? vorhin wohntet ihr ja in Rensdorf?

Sophie. Erst seit 6 Monathen — die nahe feindliche Gränze — die beständigen Durchmärsche — das Lager — und die vielleicht zum Kriegsschauplaz erwählende Haide brachten meinen alten Vater zu dem Entschluß, hieher zu ziehen; ich hörte, daß mein Bruder mit des Prinzen Gefolge hier sei, ich eilte zu ihm auf den Posten, bat — flehte, seinem Vater die unvermuthete Freude zu machen, ihn zu sehen — er sprach viel von Vernachläßigung seiner Pflicht, verwarf dreuste alle meine Einwürfe, ich war endlich fähig, ihm seine Furcht aus dem Sinne zu plaudern, ich siegte — er ließ sich bereden — — —

Prinz. Das übrige weiß ich.

Sophie. Sie wissen jezt alles, Prinz! nur das noch nicht, daß ich mich erbiete, die Strafe meines Bruders auf mich zu nehmen. Sehen Sie mich zu ihren Füßen — Prinz! ihre Güte, ihr natürlich angebohrner Trieb, Uebereilungen, wenn Sie nicht an Verbrechen gränzen, zu vergeben, erstreckt sich über alle ihre Unterthanen — sollte sich nicht auch ein Mädchen, das in Unschuld, in weiblichem Leichtsinn den Bruder verführte, dieser über alles sich erstrekenden Güte zu erfreuen haben?

Prinz.

Prinz. (zum Obrist) Das Mädchen hat Verstand (laut.) Steh sie auf — wie lange kennen sie diese Familie — Herr Oberlieutenant?

Oberlieut. Seit ich hier bin, etwa vier Monathe, sie spricht öfters von einem Geheimniß, das ihre Familie angienge. Ihr Vater ganz Soldat, ein ehrlicher Mann —

Prinz. Ich möchte ihn sehen; freut mich immer, wenn ich mich mit alten Soldaten unterhalten kann, — wo ist ihr Vater?

Sophie. Zu Hause — er stieß mich von sich, so wie er selbst meinen Bruder von sich gestoßen hatte, da er hörte, daß er von seinem Posten entwichen wäre

Prinz. Ist er krank?

Sophie. O das ist er schon sechzehn Jahre — mein Prinz! Im Jahr 1769 bekam er drei Wunden an einem Tage — Ich will nach Haus, will sehen, ob er so viele Kräfte hat, hieher zu kommen

Prinz. Ich wäre begierig, ihn kennen zu lernen.

Sophie. Ich will ihn hieher bringen, Prinz! hieher tragen will ich ihn auf meinen Schultern — aber Gnade — Gnade für meinen Bruder! (ab.)

Achter

Achter Auftritt.

Prinz. Obrist. Oberlieutenant.

Prinz. Der ganze Umstand, mein lieber Obrist, ist doch einer genauern Uiberlegung werth, wir wollen den ganzen Vorfall so gelinde, als möglich behandeln, ihm aber die Vernachläßigung seiner Pflicht recht lebhaft, und tief einzuprägen, so will ich, daß ihm seine verdiente Strafe angekündiget werde — — Herr Oberlieutenant! laßen sie den Kadet hieher bringen.

Oberlieut. (ab.)

Obrist. Prinz! Glück dem Lande, das durch einen solchen König regiret wird, und der so nachahmungswerth in die würdigen Fußstapfen seines großen Bruders tritt.

Prinz. Sie kennen mein Herz, Freund! es ist eine süße Uiberzeugung kleine Vergehungen vergeben zu können, doch ist ein Beispiel der strengen Gerechtigkeit oft nothwendig —

Neunter Auftritt.

Prinz, Obrist, Röschen mit einem Blumenstrauß, mit rothen Bändern umwunden.

Prinz. Ah! bist du auch schon wach, hübsches Mädchen?

Röschen. O schon lange — ich war schon in meinem Garten, und habe diese Blumen gepflückt —

Prinz. Doch für mich?

Röschen. Ja! aber mit einer Bedingung.

Prinz. So! und die wäre?

Röschen. (unschuldig.) Daß sie den jungen Herrn Soldaten nicht zu hart strafen lassen.

Prinz. Du forderst viel, gutes Mädchen! aber deine Blumen will ich in das Lager mit nehmen, und will sie so lange aufbewahren, bis sie verdorrt sind — kann ich dir denn nichts dafür geben?

Röschen. Und was denn? meinen sie denn Herr Prinz! ich pflanze meine Blumen, um damit zu Markte zu gehen? es freut mich nur, wenn Sie sie annehmen.

Prinz. Willst du kein Geld dafür haben?

Röschen. Ich brauche kein Geld.

Obrist. Hast du keinen Liebhaber?

F   Röschen.

Röschen. Nicht nur einen Liebhaber, einen Bräutigam hab ich — aber heute ja — da hätt ich ihn beinahe verlohren; denken sie daran, er wollte gar Soldat werden.

Prinz. (zu dem Obristen.) Das ist vermuthlich derjenige, wovon der Oberlieutenant —

Röschen. Ja ja! der Herr Oberlieutenant hat mir ihn wieder verschafft.

Obrist. Und warum hat er denn Soldat werden wollen?

Röschen. Je nun! es war eben so eine Sache, ich bin ihm ein wenig zuviel nebenhinaus gelaufen.

Prinz. (zu dem Obristen.) Ein munteres Mädchen! aber für deine Blumen mußt du doch etwas annehmen?

Röschen. Nur kein Geld, sonst alles.

Prinz. (küßt sie.) Doch ein Küßchen. (beide ab.)

Zehnter Auftritt.

Röschen allein, hernach Niklas.

Röschen. (springt voll Freude umher, ruft) He! Vater! Mutter! so kommt doch! heiliger Gott! wer hätte sich das denken sollen. Vater! Vater!

Niklas.

Niklas. (eilend.) Was das Bliznmädchen für einen Lärmen hat, was ists denn? ist Feuer im Dach? he!

Röschen. Der Prinz! das hätt ich mir nicht träumen laſſen.

Niklas. So red! — was ist denn geschehen —

Röschen. (wie vorhin.) Der Prinz! der Prinz — ich sterbe vor Freude.

Niklas. Das Mädchen bring ich ins Tollhaus — ſo red! —

Röschen. Der Prinz — der Prinz —

Eilfter Auftritt.

Vorige. Die Wirthin.

Frau. (eilt auch herbei) Was der Prinz? — der Prinz —

Niklas. Wenn du nicht mehr aus ihr heraus bringst, als ich, ſo wiſſen wir künftigen Quatember ſo viel als jezt.

Frau. So red doch Röschen! ist denn ein Unglück geschehen?

Röschen. Der Prinz!

Niklas. Jezt geh, oder ich will dich beprinzen.

Röschen. Der Prinz hat mich geküßt.

Niklas. (zugleich) Geküßt? — der Pinz — dich?

Röschen.

Röschen. (stolz.) Der Prinz! — geküßt! mich!

Niklas. Nu, da sag einer mehr, ob es kein Narrenglück ist, wenn einem der Himmel eine schöne Tochter bescheert hat, auf welchen Backen, Mädchen? — geschwind, ich muß dich auch küssen.

Frau. Und ich auch! (Sie umarmen Sie beide.)

Zwölfter Auftritt.

Vorige. Obrist Lenkoff.

Obrist. Was habt ihr hier? was verursacht euch diese Freude? meine Kinder!

Niklas. Der Prinz hat meine Tochter geküßt, ich werde noch närrisch vor Freude.

Obrist. Ihr seid der Vater zu diesem Mädchen?

Niklas. Euer Gnaden! was mein Weib dazu sagt, das muß ich glauben.

Obrist. Eure Tochter wird sich verheurathen? wie ich höre — und wenn?

Niklas. Wills Gott! wenn sonsten keine Hindernisse beim Mädchen obwalten, in 14 Tagen —

Obrist. Hier schickt euch der Prinz 500 fl. zur Aussteuer.

Niklas.

ein militärisches Original-Lustspiel.

Niklas. } (zugleich) Meiner Tochter?
Frau. } Unserer Tochter?
Röschen. Mir! der Prinz?
Obrist. Für deine Blumen — mein liebes Mädchen!
Niklas. Hör Röschen! wenn dir alle deine Blumen so bezahlt werden, so kannst du Hofgärtnerin werden.
Obrist. Der Prinz freute sich so sehr, über das gute Mädchen, daß er ihr einen Kuß gab.
Niklas. Und Herr! das freut mich mehr als die 500 fl. (zu ihr) Aber so sag mir jezt offenherzig, liebes Weib! ist Röschen wirklich mein Kind, bin ich rechtmässiger Vater dazu?
Obrist. (lacht.)
Frau. Nun, wer denn anders?
Niklas. Ich muß es halt glauben, wiewohl Sie weder meine Nase, noch meine Augen, noch sonst etwas von mir hat, aber wenn es wirklich so wäre, so wollt ich den Tag in meinem Kalender mit Gold einfaßen lassen, der mir diese Tochter zur Welt gebracht hat.
Obrist. Ihr seyd ein launichter Mann.
Niklas. Ihr Gnaden! das ist bey den Weibern heut zu Tag ein gewaltiger Gewissensauftrag — — noch einmal, wenn ich es gewiß wüßte, einen Buß = und Bettag würd ich halten, und dem Himmel für das Mädchen danken.

F 3   Obrist.

Obrist. Ha ha ha! nehmt das Geld.

Niklas. So dank ich halt schönstens, das Mädchen soll sich noch selber bey dem Herrn Prinzen bedanken.

Obrist. Schon gut — schon gut — (ab.)

Dreizehnter Auftritt.

Vorige, hernach Anton.

Niklas. Mädchen! so hab ich doch in meinem Leben nicht gewußt, daß du so schön bist, und schön mußt du seyn, weil dich der Herr Prinz geküßt hat — eben recht, da kömmt Anton —

Anton. Bist du da, Röschen? guten morgen Vater, und Mutter!

Niklas. Weißt du auch, daß du das schönste Mädchen, das auf Gottes lieber Erde herumgeht, zur Frau bekömmst?

Anton. Das weiß ich! mein Röschen ist schön.

Niklas. (ihn anfassend.) Mein Röschen ist schön, das ist immer seine alte Leyer, du mußt den Ton höher stimmen, so schön ist Sie gar noch nie gewest, als eben seit einer halben Stunde.

Anton. Ich versteh euch nicht!

Niklas. Weißt du? — daß dir das Mädchen schon wieder untreu geworden ist.

Anton.

Anton. Ungetreu sagt ihr?

Niklas. Nicht anders, aber laß dir deß=
wegen kein graues Haar wachsen, das Mäd=
chen ist von Jemand Großen geküßt wor=
den — — —

Anton. Geküßt! von wem?

Röschen. Von wem meinst du wohl? denk
lieber Anton! von dem Herrn Prinzen.

Niklas. (stolz.) Respekt also für das Mäd=
chen! Sie sey dir in Ehren, so lange sie lebt,
und wenn ich zu befehlen hätt — so dürfest du
mir das Mädchen im ganzen Jahr nie, als alle
Freytag — küssen. —

Vierzehenter Auftritt.

Vorige. Oberlieutnant. Obrist.

Obrist. Es wäre mir lieb, wenn ihr uns
diese 5 Zimmer allein ließet, Kadet Drommer
wird hieher gebracht.

Niklas. Von Herzen gern — komm her
Weib! — ihr (zu Anton und Röschen.) jun=
ge Leute! geht voran.

Röschen. Der gute Mensch! ich möchte
über ihn weinen.

Oberlieut. Das arme Mädchen.

Obrist. Es wird alles gut gehen.

Röschen. Schön gut gehen, wenn er Gassen=
laufen muß. (alle ab.)

Fünf=

Fünfzehnter Auftritt.

Obrist. Oberlieutnant. Kadet in Fesseln, mit Wache. **Profos.**

Obrist. (sezt sich) (kleine Pause.) Nachdem, was wir schon theils von ihm, theils von seiner Schwester wegen seiner nächtlichen Entweichung von dem Posten vernommen haben, so haben Seine Königliche Hoheit, Prinz Karl, Chef seines eigenen Regiments das Urtheil über ihn bereits gesprochen, und zu vollziehen, gnädigst befohlen (Kadet äußerst bestürzt.) Wie sehr verkenn ich in ihm den jungen rechtschaffenen Mann. Ich hatte die Zuversicht, dem König an ihm einen Soldaten zu erziehen, der nie fähig wäre, ihm, unter welchen Umständen es auch seyn möchte, untreu zu werden. Allein, er verläßt den Posten — den Posten, der zur Sicherheit des Prinzen bestimmt war, stellt ein muthloses Mädchen dahin, verläßt ihn, unter dem Vorwande, seinen Vater zu besuchen — als wenn er von den menschlichen Gesinnungen seiner Oberen nicht überzeugt gewesen wäre, ihm dieses so erlaubte Vergnügen zu vergönnen. Daß er nicht Absicht hatte zu desertiren, glauben wir, aber Vernachlässigung einer Pflicht, die bei den gegenwärtigen Umständen, so leicht die übelsten Folgen nach sich ziehen könnte, will der Prinz

auf

auf das schärffste geahndet wissen, zuvor aber beantwort' er mir die Frage: Brachte ihn seine Schwester auf den Einfall, sich auf den Posten zu stellen, oder war er die Ursache?

Kadet. Ich war die Ursache, meine Schwester ist unschuldig.

Obrist. Wir hörten in des Prinzen Gegenwart das Gegentheil aus ihrem Munde.

Kadet. Es war ein unglücklicher Augenblick. Liebe zu meinem Vater riß mich dahin, ich allein bin schuldig.

Obrist. Hier ist sein Urtheil von des Prinzen Hand unterschrieben, in Ermanglung eines Auditors lesen Sie — Herr Oberlieutnant!

Oberl. (steht auf.) Da Karl Wilhelm Drommer — 19. Jahre alt, unter dem Prinz Karlischen Regiment, sich leichtsinniger Weise verleiten lassen, in der vorigen Nacht von 3 — bis 4 — seinen Posten zu verlassen, unter dem Vorwand, seinen Vater zu besuchen. Da nun dieses Vergehen nach unseren königlichen Kriegsartikeln mit dem Tode bestraft zu werden pflegt, so haben Seine königliche Hoheit, der Prinz, auf die vorherige gute Aufführung des Karl Wilhelm Drommers einige Rücksicht zu nehmen, und die Strafe in 4maliges Gassenlaufen durch 300. Mann zu verwandeln gnädigst geruhet, auch befohlen, — daß diese Exekution an dem Orte seines Vergehens zur

Warnung für andere, sogleich vorgenommen wer=
den solle. Gegeben — — —

Prinz Karl.

Oberl. (Winkt, die Soldaten nehmen
ihn in die Mitte.)

Obrist. Er wird auch bei dieser Strafe
die Gnade seines Prinzen fühlen, laß er sich
diesen Vorfall zur Witzigung dienen.

Kadet. Ich fühle sie, Herr Obrist! ich
verdiene diese Strafe, ich will sie auch büssen.

Oberl. (Winkt wieder. Korporal.)
Marsch!

Sechzehnter Auftritt.

Vorige. Sophie (hält ihn zurück.)

Sophie. Wo führen sie dich hin — Bru=
der! wohin? (umarmt ihn) sag, sprich!
doch nicht zum Tode?

Kadet. Nein! Schwester! nicht zum Tod
— der Prinz ist gnädig —

Sophie. (zu den Soldaten) Und was
geschieht ihm, so redet —

Korp. (gleichgültig) Fort! fort! er muß
Gassenlaufen.

Sophie. (schwach) Das Bewußtsein,
ihn — zu — dieser Vergehung verleitet zu
haben

haben — das Bewußtsein — mein Bruder leidet durch mich — Gott! es drückt mir das Herz ab (beginnt zu sinken, Lieutnant hält sie.)

Siebzehnter Auftritt.

Oberlieutnant. Obrist. Prinz. Sophie
(in des Lieutnants Armen.)

Prinz. Was ist hier vorgegangen?

Lieut. Sie vernahm das Urtheil ihres Bruders —

Prinz. Das arme Mädchen!

Lieut. Sie kömmt wieder zu sich.

Sophie. (sieht umher) Wo ist mein Bruder? Wo habt ihr ihn hingeführt? Ihr Unmenschen! — er ist ja unschuldig, nehmt mich statt ihm, ich hab ihn gezwungen, abgebettelt hab ich ihm die Verletzung seiner Pflicht. Ha! da ist der Prinz. (stürzt vor ihn hin, mit Wärme) Edelster unter den Menschen! nur ein Wort, nur ein Wink von Ihnen begnadiget meinen Bruder. Sprechen Sie aus das Wort, geben Sie den gnadebringenden Wink, und der allmächtige Gott, wird Sie für ihre Güte lohnen. Ich will für Sie beten, für ihr — für des Königs langes Leben will ich beten, will den Himmel bitten, daß er ihre Waffen segne gegen den Feind, will herabste-

hen, Gottes reichen Seegen vom Himmel, daß
er komme auf Sie, wie Gottesregen herabträu=
felt auf die Fluren. Wenden Sie das Ohr nicht
— edler Prinz! von dem Flehen eines armen
Mädchens, die um das Leben ihres alten Va=
ters, um ihr eigenes, um Linderung der Stra=
fe für ihren Bruder bittet!

Prinz. (trocknet sich eine Thräne vom
Aug.) Steh Sie auf, meine Tochter!

Sophie. Sie weinen, Prinz! o so ist auch
mein Bruder gerettet — daß ich eine von diesen
kostbaren Thränen auffassen könnte, ein ewiges
Denkmal ihres großen, edlen Herzens, sollte die=
se Fürstenthräne für mich seyn.

Prinz. Sie muß ihren Bruder sehr lieb
haben — steh Sie auf.

Sophie. Es ist mein einziger Bruder —
Prinz! und noch nie liebten zwo Geschwister
einander seit der frühesten Jugend so heftig, als
wir uns liebten. O Gott! ich muß ihm nach
— (ab.)

(Prinz zum Oberlieut.) Suchen Sie das
Mädchen von der Execution zurück zu halten —
(Oberlieut.) Ich folg ihr. (ab.)

Sieben-

ein militärisches Original=Lustspiel.

Siebenzehenter Auftritt.

Vorige. Invalid (einen alten Offiziers=Degen an der Seite.)

Inval. Prinz! vergeben Sie mir! ich vernahm das Urtheil meines Sohnes — es ist gnädig und gerecht, ich komme nicht, für ihn zu bitten —

Prinz. (zu dem Obrist.) Ein ehrwürdiger Mann — (laut.) Gott grüß sie — lieber Alter, einen Stuhl (Obrist reicht einen Sessel.)

Inval. Wie? Prinz! so gütig, so leutselig reden Sie mit dem Vater eines pflichtvergessenen Sohnes?

Prinz. Wie oft geschieht es, daß die besten Eltern schlechte Kinder haben.

Inval. Prinz! ich bin unschuldig. Er verließ die Grundsätze, die ich ihm als Knabe einzuflößen suchte, und muß nun mit Recht für die Hintansetzung derselben büssen. Der erste Grundsatz den ich in des Jungen Herz zu graben mich bemühete, war Ehrfurcht für Religion — der zweyte — Treue gegen seinen König. Es sind 7 Jahre, daß er von mir entfernt ist, er kam durch ein Ohngefehr hieher, ließ sich durch seine Schwester bereden, seine Pflicht zu verletzen, und zu mir hinzueilen. Er kam, ich empfieng ihn mit offenen Armen, meine Freude war unbeschreiblich, aber kaum erzähl=

zählte er, auf welche Art er mir dieses Vergnügen gemacht hätte, so stieß ich ihn aus meinen Armen, jagte ihn aus dem Zimmer, um wenn es noch möglich wäre, das Andenken dieser schändlichen Unternehmung zu vertuschen. Eine Stunde nachher, erhielt ich die Nachricht, daß er gefangen, und für die Vernachläßigung seiner Pflicht gestraft werden soll. Prinz! ich kenne den Grad seines Verbrechens, weiß daß die Strafe des Todes darauf gesezt ist, ich komme nur mich bey ihnen für die Milderung dieser Strafe zu bedanken —

Prinz. Sie kommen also nicht, lieber alter Kriegskamerad! für ihren Sohn zu bitten?

Inval. Nein Prinz! hätte er sterben sollen, so würde ich in Rücksicht auf seine Jugend für sein Leben gebeten haben.

Prinz. Ein seltsamer Mann (laut.) Wie lange haben sie gedienet — und wie alt sind?

Inval. Ich bin 70 Jahr alt — in meinem 16ten wurde ich Soldat.

Prinz. Woher gebürtig?

Inval. Aus Hessen.

Obrist. Aus Hessen?

Inval. Prinz! ich hatte wunderbahre Schicksale auf dieser Welt. Die Nachrichten davon, weiß niemand als ich — meine Frau nahm sie vor 5 Jahren mit in das Grab, selbst meinen beiden Kindern sind sie beinahe ganz unbekannt.

Prinz.

Prinz. Ich wäre begierig, — wenn sie aber ihr Prinz darum bittet.

Inval. So bin ich verbunden, zu gehorchen. Umstände, Unglücksfälle, die den Menschen so oft in dieser Welt bis in den Staub werfen, zwangen mich meinen Namen zu verändern.

Prinz. Sie nennen sich also nicht Drommer (gibt ihm einen Stuhl.) Sezen Sie sich, mein Freund!

Inval. Mein Prinz befiehlt, und ich befolge seinen Befehl. (sezt sich.)

Obrist. Sie nennen sich also nicht Jakob Drommer?

Inval. Nein, Herr Obrist, mein Geschlechtsname ist, Jacob Frohnberg.

Obrist. (steht auf, unruhig) Fro — Frohnberg — aus Hessen, und warum haben sie ihren Namen verändert?

Inval. Aus Liebe zu meinem einzigen Bruder, der, ich weiß nicht wo, Kriegsdienste genommen hat, ob er noch lebt, weiß ich eben so wenig.

Prinz. Was veranlaßte sie denn dazu?

Inval. Haß und Neid, wodurch die Menschen einander diese Welt so oft zur Mördergrube machen. Ich war in meinem 24ten Jahr als Offizier in dem Kriege, den unser Monarch Anno 46. führte, ich diente ihm, Gott weiß es! mit allem Fleiß und Eifer — einmal bekam ich

von

von meinem General den Befehl, mit 60 meiner Leute rekognosziren zu reiten, wir trafen auf ein feindliches Korps, hieben ein, 23 wurden in die Pfanne gehauen, ich und einige derselben wurden gefangen. Man zwang mich Kriegsdienste zu nehmen, ich that es, — in etlichen Tagen geschah ein Scharmützel, ich ging wieder zu meinem Monarchen über — in 7. Monaten fiel ein Haupttreffen vor, der Monarch siegte, aber ich ward zum 2tenmal von dem Feinde gefangen. Sie sahen mich nunmehr als einen Spion, als einen Verräther an, verdammten mich zur ewigen Festungsstrafe.

Prinz. Armer Mann!

Obrist. Gott! was hör ich (beiseite.) Es ist die Geschichte meines Bruders.

Inval. Ich saß 7. Jahre in einem unterirrdischen Gefängniß, ohne das Tageslicht zu erblicken — Wasser, und Brod war meine Nahrung.

Obrist. (in Gedanken.) Aus dem Hessischen? wer war ihr Vater?

Inval. Ein armer Edelmann, Dietrich Frohnberg.

Obrist. (fällt ihm um den Hals.) Gott! Prinz! es ist mein Bruder.

Prinz. Ihr Bruder!

Obrist. Familienumstände, der Unglücksfall meines Bruders, verbot, mich unter meinem

wah=

wahren Nahmen zu zeigen, ich heiße Wilhelm Fronberg.

Irval. (schwach.) Sie! — sie! — du mein Bruder! Gott! welche Freude hast du noch für mich aufbewahrt.

Obrist. Daß du nach sieben Jahren frei wardst, und wieder Dienste nahmst, wußte ich, allein ich glaubte dich in der Schlacht bei Rensdorf tod. Nachrichten sagten mir, daß man dich auf dem Schlachtfelde gefunden hätte.

Irval. Ich lage zwei Tag für tod unter meinen Brüdern, bei der Einscharrung fanden sie noch einige Athemzüge an mir, legten mich auf einen Wagen, und lieferten mich in das benachbarte Dorf. Ich erhohlte mich bald, war aber auf ewig zum Dienste unfähig; man brachte mich zu meiner Frau, und noch als Krüppel empfing sie mich mit eben der Wärme und Zärtlichkeit, womit ich sie verlassen hatte. Sie starb vor 5. Jahren. Unser kleines Vermögen gieng allmählig zusammen, aber meine Tochter ernährte mich bis daher mit ihrer Händearbeit.

Prinz. Ein Zufall — ganz des heutigen Tages werth (man hört das Zeichen zur Exekuzion.)

Obrist. Bruder! laß dich umarmen, dich an mein Herz drücken, du sollst die wenigen Tage, die dir der Himmel noch verleihen wird, in kummerloser Freude hinbringen.

G   Prinz.

Prinz. Ja Freund! das sollen sie, ich will, wenn ihr Sohn die verdiente Strafe überstanden hat, die Versorgung ihrer Kinder auf mich nehmen (ab.)

Obrist. O gütiger Prinz!

Irval. Dank dir guter Gott! für dieses Geschicke, ein solcher Tag läßt ja wohl einen alle Thränenstunden vergessen, die man gelebt hat. (ab mit dem Obristen.)

Achtzehnter Auftritt.

(Straße, Exekuzionskommando.)

Winter, der Kadet wird gebracht, — es kommen mehrere Bauern. Niklas, seine Frau, Röschen, Anton.

Anna. Der arme Junge!

Röschen. (weint.) Der Herr Prinz könnt ihn so leicht begnadigen, wenn er nur wollte.

Niklas. Er muß strafen, wenn er gleich nicht will, der Henker möcht sonst die Leute beisammen halten, da würd Zucht und Ordnung spazieren gehn, wenn das so angienge.

Röschen. Wie er so bleich aussieht. —

Anna. Ich möchte nur weinen —

Niklas. So weint ihm doch die Ohren nicht so voll, es geschieht ihm hernach nur desto saurer (Kadet kommt herfür.) Laß sich der ter Herr das Ding nicht anfechten, es ist nur, bis es vorbei ist, es hat schon mancher ehrlicher Soldat die Promenade ausgestanden, wird auch nicht daran sterben, wenn der Quark vorbei ist, so geb ich ihm eine Flasche von meinem alten Fruchtbrandtwein, der ist eine wahre Lebensessenz für einen zerfezten Bukel.

Wirthin. Der arme Mensch! (weint.)

Niklas. So weint nur nicht, ihr macht ihm nur das Herz schwerer.

Neunzehnter Auftritt.

Vorige. Jakob Drommer.

Kadet. (sieht seinen Vater.) Vater! nur sie vergeben mir, Liebe zu ihnen allein konnte mich zu diesem Schritt verleiten — Vergebung von ihnen wird mir auch meine Straffe tragen helfen.

Invalide. Verletzung der Pflicht, mein Sohn! fodert Straffe, ich vergebe dir deinen Fehltritt, sey standhaft, du kennst mich, als einen alten Soldaten, glaub mir, ich wohnte noch keiner Exekuzion mit so vielem Vergnügen bei, als der deinigen.

Kadet. So spricht mein Vater!

Invalide. So spricht er, weil er weiß, daß diese Strafe, die erste ist, aber auch die lezte in deinem Leben seyn wird. Sohn! merke auf das, was ich dir sage, du weißt, ich bin meinem Tod nahe, noch etliche Tage vielleicht, so fällt diese morsche Hütte zusammen. Sieh! du schwurst dem König, vergaßest deinen Schwur, und dafür sollst du büssen. Gelobst du mir, deinem alten Vater, daß du deinem König, so lang ein lebendiger Odem in dir hauchet, getreu seyn, und nie mehr deine Pflicht vergessen willst?

Kadet. (kniet hin, feierlich) Ich gelobe es — Vater! bei dem Himmel, der mich umgiebt.

Invalide. (umarmt ihn.) So geh und büsse deine Schuld, dann bist du wieder mein Sohn. (Exekuzionsmarsch! Kadet zieht die Montur ab, wie er oben an der Spize ist, und laufen will, kömmt Sophie — hinter ihr der Adjutant mit einem weisen Tuch, dann der Prinz, mit Gefolge.

Zwanzigster Auftritt.

Vorige. Sophie. Der Prinz. Gefolge.

Sophie. (eilt in seine Arme.) Bruder! Bruder! du hast Gnade.

Adjutant. Gnade —

Prinz. (ruft.) Gnade!

Invalide. Gnade für meinen Sohn. (Kadet kommt gleich hervor, fällt dem Prinzen
zu

zu küssen. Die Soldaten werden anders kommandirt, bleiben aber auf dem plaz.)

Kadet. Prinz! Sie ertheilen mir Gnade! Sie sollen sie keinem Unwürdigen geschenkt haben, so lang ich lebe, sey ihnen meine Treue geweiht!

Prinz. Laß er sich diesen Vorfall nie mehr aus seinem Gedächtniß kommen! der Soldat, wenn er auf seinem Posten stehet, muß Vater und Mutter vergessen, und nur blos für seinen König leben.

Sophie. (fällt hin) Wie gerne wollt auch ihnen, mein Prinz! für ihre Gnade danken, aber Worte fehlen mir, ihnen denselben so auszudrücken, wie ich wünsche.

Prinz. Steh sie auf, meine Tochter! es ist alles vergessen, und den heutigen Tag will ich zu ihres Vaters Freude zum schönsten, frohesten seines Lebens machen. Für ihre, ihrem Geschlecht beinahe seltene Herzhaftigkeit und Entschlossenheit muß ich sie belohnen. —

Obrist. Umarme mich, meine Nichte!

Sophie. (staunt) Herr Obrist! ich! ihre Nichte?

Obrist. (zu dem Kadet) Umarme deinen Oheim, Karl!

Kadet. (staunt) Diese Räthselsprache versteh ich nicht.

Prinz. Guter Alter! wie stehts um ihr Herz?

Inval.

Inval. Prinz! mein Herz schlägt nur für Sie, ihre Gnade verjüngert mich um 10. Jahre, Sie sind ein würdiger Prinz, weil Sie nicht vergessen, ihrer Mitmenschen Glück zu befördern.

Kadet. Oheim!

Sophie. Oheim!

Prinz. Der Obrist ist eures Vaters Bruder.

Inval. Nicht anders, meine Kinder! ich heisse nicht Drommer, heisse Fronberg, der Obrist nicht Lenkoff — — er ist mein Bruder.

Sophie. Gott, welche wunderbare Begebenheit!

Inval. Davon ich euch zu Hause unterrichten werde.

Prinz. Sie meine Tochter dürfen sich unter meinem Regiment den schönsten Offizier zum Mann wählen, wenn er Oberlieutnant ist, wird er Hauptmann, und ihnen geb ich 4000 fl. zur Aussteuer.

Sophie. Prinz! darf ich reden.

Prinz. Alles, was sie wollen.

Sophie. Ich liebe (sie blikt nach Winter hin.)

Prinz. Vielleicht den Oberlieutnant Winter?

Sophie. Prinz! Sie machen mich glücklich.

Prinz. Herr Oberlieutnant, hier geb ich ihnen mit eigener Hand eine Frau, die ihnen die Hauptmannscharge mit einem Kuß übergeben wird.

Sophie. O Winter! endlich —— durch Zufall sind sie mein.

Oberl. Prinz! meinen Dank.

Prinz. (winkt ihm) Schon gut! geben sie mir ihren Degen — Herr Hauptmann (zu dem Kadet) Als Soldat hab ich ihn strafen müssen, als Sohn seines braven Vaters, beschenke ich ihn mit diesem Offiziersdegen.

Kadet. (küßt ihm den Rok) Prinz! welche Gnade!

Prinz. Nun — meine Freunde! ich sehe die reinste Freude auf euren Gesichtern abgemahlt, eine Wonne für den Fürsten, wenn er bei seinen Unterthanen frohe Gesichter findet, und ihm sein Gewissen dazu sagt, daß er die Ursache davon ist; ich wollte diesen Morgen abreisen, der heutige Tag sey euch ganz gewidmet — (zu Niklas) Wie gefällt euch das, guter Mann!

Niklas. Es ist halt lauter Glück und Seegen, wo der Herr Prinz hinkommt.

Kadet. Mein Prinz! mit diesem Degen zog ich den ewigen Vorsatz an, eher zu sterben, als nur im geringsten gegen meinen Monarchen untreu zu werden.

Inval. Heilig sey mir dieser Tag! noch heiliger mein Prinz, der mich heut mit so vielen Gnaden überströhmet.

Prinz.

Prinz. Kommen Sie, alter Kamerad! kommen sie — Obrist! (sie nehmen ihn in die Mitte) Durch Zufall fanden sie ihren Bruder, durch Zufall seyd ihr alle glücklich. (zu dem Oberlieutnant und Sophie) (zu Niklas) Herr Wirth! wir essen alle hier zu Mittag, auf den Abend geb ich einen ländlichen Tanz; ich will heute noch haben, daß der Hauptmann heurathen solle.

Röschen. Herr Prinz! (tritt furchtsam dazu) Das gieng ja in einem hin, ich könnte auch heute noch —

Prinz. Auch wahr — du hast recht — du sollst heute noch Hochzeit haben.

Alle. Es lebe der Prinz, es lebe der König!

Prinz. Seyd zufrieden, meine Kinder! verdankt es der Vorsicht, und diesem würdigen Invaliden.

(Man trommelt zum Abzug, die Soldaten präsentiren.)

Ende des Lustspiels.